本书得到"研究阐释党的十九届四中全会精神"国家社科基金重大项目（20ZDA087）和浙江省高校高水平创新团队——转型升级和绿色管理创新团队资助。

数字时代企业转型升级和绿色管理丛书

群体消费绿色转型与企业社会营销创新研究

阮锋儿◎著

经济管理出版社
ECONOMY & MANAGEMENT PUBLISHING HOUSE

图书在版编目（CIP）数据

群体消费绿色转型与企业社会营销创新研究/阮锋儿著 .—北京：经济管理出版社，2022.7

ISBN 978-7-5096-8639-3

Ⅰ.①群… Ⅱ.①阮… Ⅲ.①绿色消费—研究 ②企业管理—营销管理—研究 Ⅳ.①C913.3 ②F274

中国版本图书馆 CIP 数据核字（2022）第 133380 号

责任编辑：张莉琼　杜羽茜
责任印制：黄章平
责任校对：张晓燕

出版发行：经济管理出版社
　　　　　（北京市海淀区北蜂窝 8 号中雅大厦 A 座 11 层　100038）
网　　址：www.E-mp.com.cn
电　　话：(010) 51915602
印　　刷：唐山玺诚印务有限公司
经　　销：新华书店
开　　本：720mm×1000mm/16
印　　张：7.75
字　　数：106 千字
版　　次：2022 年 10 月第 1 版　2022 年 10 月第 1 次印刷
书　　号：ISBN 978-7-5096-8639-3
定　　价：68.00 元

·版权所有　翻印必究·

凡购本社图书，如有印装错误，由本社发行部负责调换。
联系地址：北京市海淀区北蜂窝 8 号中雅大厦 11 层
电话：(010) 68022974　　邮编：100038

总 序

以互联网经济和数字经济为代表的数字科技革命正全面引领中国经济的发展,我们已经步入数字时代。以大数据、人工智能、云计算为代表的数字时代催生了新的管理理念和管理模式,数字时代要求企业转变经营理念、加快转型升级。数字时代下,随着转型升级成为中国经济发展的主旋律,针对管理实践中如何破解"成长中的烦恼"、推进经济结构的战略性调整和发展方式的根本性转变这一时代难题,我们需要坚定不移打好转型升级系列"组合拳",深入研究转型升级的管理战略和路径方法,这也是中国未来相当长时期的一个重点任务。

绿色是生命的象征、大自然的底色,绿色更代表了美好生活的希望、人民群众的期盼。绿色发展是将环境保护作为可持续发展重要支柱的一种新型发展模式,成为当前我国经济最为重要的发展方式。"绿水青山就是金山银山",践行绿色发展理念,推动绿色发展革命已经获得了政府、企业和社会各界的广泛认同。党的十九届五中全会公报提出"促进经济社会发展全面绿色转型","十四五"规划再次明确"促进经济社会发展全面绿色转型"。可以预见,绿色发展将在未来国家中长期发展中占据极为重要的地位。

长期以来,浙江财经大学工商管理学院始终坚持求真务实、服务社会的社会责任心,秉持科学严谨的学术态度,坚持实践出真知,研究围绕国家和浙江区域发展面临的重大组织困境、社会管理困境展开,用有效的科学手段来深入解答管理学问题,推动管理学研究从"外生性"向"内生性"转变,推动管理学知识体系从"静态均衡"向"动态均衡"发展。本系列丛书是浙江财经大学工商管理学院教师多年来对企业转型升级和绿色管理实践研究的学术成果结晶。丛书围绕数字时代企业转型升级和绿色管理的具体实践和经验进行精耕细作式解剖、探讨,深入挖掘数字时代企业转型升级和绿色管理成功的内在原因,分析企业转型升级和绿色管理面临的机遇和挑战。

本系列丛书主题涵盖数字时代下企业转型升级和绿色管理的各个方面,具体包括"平台企业嵌入集群创业网络下的产业转型升级研究""定制化绿色信息影响研究""开放式创新网络中的价值创造与价值独占研究""绿色消费溢出效应研究""绿色管理背景下道德专注力研究""企业战略转型与绿色创新管理研究""基于绿色管理的消费者幸福研究""组织转型与绿色人本管理研究""生活方式绿色转型研究""浙商数字化转型升级经验研究""成员异质性及其影响研究""互联网背景下绿色创业研究""群体消费绿色转型与企业社会营销创新研究"等。丛书通过对相关企业转型升级和绿色管理的深度剖析,力求从多个维度或不同角度全方位阐释数字时代企业对外部环境的响应和自组织变革,进一步传承浙江企业拼搏进取、开拓创新的商业精神,同时形成企业转型升级和绿色管理的系统理论体系。

期望本系列丛书的出版为数字时代中国特色管理理论特别是转型升级和绿色管理理论发展增添更多现实基础,更有效、更精准地赋能新时代各类企业开创新的辉煌。期待本丛书的出版在一定程度上会对各类企业转型升级和绿色管理实践提供一定的智力支持和思想引领,从多个角度助推新时代中国企业加快转型升级和绿色高质量发展的步伐。

王建明　教授

浙江财经大学工商管理学院/MBA 学院院长

2021 年 4 月

前　言

在2020年9月召开的第75届联合国大会上，习近平主席提出了"二氧化碳排放力争于2030年前达到峰值，努力争取2060年前实现碳中和"的目标，这是我国对世界做出的庄严承诺，彰显了构建人类命运共同体的大国担当，也是我国在"十四五"期间以及今后社会经济长期可持续发展需要坚定不移贯彻下去的新发展理念和构建新发展格局、实现高质量发展的必由之路。[①] 在全球致力于实现"碳达峰""碳中和"环境治理的大背景下，我国作为全球碳排放大国之一，提出将于2030年实现"碳达峰"、2060年实现"碳中和"的目标，为转变经济发展方式，走绿色低碳发展道路定下基调。在"双碳"战略的背景下，我国将全面推进能源结构、产业结构、消费结构改革，完善"碳中和"各项社会经济政策，为全球实现"碳达峰"和"碳中和"做出自己的贡献。

社会消费绿色转型是我国实现2030年"碳达峰"和2060年"碳中和"战略目标的重要一环。因此，社会消费绿色转型是我国亟须完成的经济社会中长期可持续发展的紧迫任务之一。本书在社会消费行为整体变革过程中研究群体消费绿色转型的内在逻辑，以及以企业为主体的绿色营销创新等外在影响因素作用于群体消费绿色转型的规律，探讨促进社会消费转型的营销理论与方法，有一定的现实意义和理论意义。

---

① 袁志刚. 碳达峰碳中和——国家战略行动路线图［M］. 北京：中国经济出版社，2021：2-3.

一、社会营销与企业绿色营销

社会营销是自20世纪70年代以来出现的新兴的营销学科。通过社会营销可以改变目标人群的行为，提高生活质量，增进个人和社区的福祉。社会营销经常用于改进公共卫生、预防伤害、保护环境、增进社区福利或参与和增进财务福祉。有效的社会营销是实现有计划的社会变革的重要途径。社会营销的主体是非营利性的政府和多种社会组织，如政府卫生和防疫部门，环保组织，广告、公共关系和营销调研机构，以及社区组织，如居委会。"从事社会营销工作很少需要头衔，社会营销责任更可能落在项目经理、社区关系或社区传播专业人士等身上"。 如何借鉴现有的社会营销理论和方法，研究社会营销创新，促进社会消费绿色转型，是本书研究的基本逻辑。

绿色营销是目前国内营销理论研究和实践的热点。如何将消费绿色转型与企业绿色营销创新结合起来研究？这需要探索新的理论视角，寻求在新的理论框架内解决在社会经济全面绿色转型中遇到的新问题。本书选择群体消费行为作为消费绿色转型的观察主体和研究对象，试图以群体消费绿色创新转型作为新的理论突破口。

二、个体绿色消费与炫耀性消费

研究个体绿色消费行为具有重要意义，但是，个体有限理性往往导致"功利性"追求，这是管理学科研究中一道难以逾越的理论屏障。在实践中，个人收入及禀赋差异往往导致生活方式存在个体差异，以至于社会所倡导的绿色消费在个体层面难以为继。杨雄和李煜认为消费主义是指这样一种生活方式：消

---

① 南希·R. 李，菲利普·科特勒. 社会营销——如何改变目标人群的行为 [M]. 俞利军译. 上海：格致出版社，2018.

费不是为了实际需要,而是在不断追求被制造出来、被刺激起来的欲望的满足。① 换句话说,人们所消费的不是商品和服务的使用价值,而是它们的符号象征意义。合理满足消费的使用价值与无度占有符号意义的消费是基于两种不同类型的生活伦理、观念、价值、生活方式和生存形式。杨雄和李煜还认为,"在消费主义支配下,许多个体在追求消费升级和生活质量提高的过程中,难以坚持简约、节能、低碳等绿色消费生活方式,相反,一些个体铺张浪费、炫耀性消费,湮没了社会倡导绿色消费的许多良好风尚和习俗"。例如,蒋建国认为:"中国作为一个发展中国家,其国人对奢侈品的追求反映了消费主义文化的流行态势。消费主义强调商品的符号价值,追逐快感、梦想,强调个人主义与及时行乐,片面追求位置消费和炫耀性消费。消费主义文化在市场化的运作和推动下,与大众文化结合在一起,引导着生活潮流和社会价值观,并在大众传媒的操纵下,潜移默化地影响着消费者的意识形态和价值取向,不断促使消费者以'我买,故我在'证实身份认同。"②

炫耀性消费的概念是凡勃伦于 1899 年提出来的,他认为个体往往会通过消费非常引人注目的商品和服务来显示自己的财富并且因此获得更高的社会地位。"为了维护男人的尊严,拥有财富或权力往往不够。财富和权力必须显现出来,因为尊严只有显现出来才算是得到了奖赏。"③ 这种行为的极端形式被称为"凡勃伦效应",当个体愿意为功能相同的商品支付更高价格时,就可以看到这种效应。

三、个体与群体的观察差别、联系

相对于个体,尽管群体(行为)不具有类似个体(行为)的测量特性,

---

① 杨雄,李煜. 社会学理论前沿 [M]. 上海:上海社会科学院出版社,2016:119.
② 蒋建国. 消费者主义文化传播、仪式缺失与社会信仰危机 [J]. 现代传播(中国传媒大学学报),2012(4):10-15.
③ Veblen T. The Theory of the Leisure Class:An Economic Study of Institutions [M]. London:Unwin Books,1899.

但是群体（行为）具有可调查性。群体对个体行为的影响具有客观性，与个体相关的群体在现实中可以具体化并加以研究。

四、依据个体与群体不同关系对群体分类

根据个体与群体的不同关系可进行如下分类：个体作为成员参与群体活动，如个人与其家庭之间的关系；个体随同相关群体参与群体活动，如个人以家庭为单位参加社区活动而形成的个体与群体关系；个体将群体作为参照标准或按照群体标准、规则要求参与群体活动，如个人按照组织要求有选择地参加组织活动而形成的个体与群体关系。我们将第一类群体称为家庭群体，将第二类群体称为社区群体，将第三类群体称为组织群体。为了便于研究，依据个体与群体之间的互动和依赖关系，本书将所考察的群体初步设定为以下三种：家庭群体、社区群体和组织群体，组织群体尤指环保主义组织群体。

群体消费不同于个体消费，个体消费是为了满足个体生活需要，尤其是满足个人的生理或心理需要，这种需要是由于消费者追求自身利益而产生的。马斯洛需求层次理论对个人需要及其变化进行了充分的诠释。根据马斯洛需求层次理论，人类的需要分为五个层次：生理需求、安全需求、归属和爱、尊重需求和自我实现需求。马斯洛将这些需求按照等级次序进行排序，认为较低层次的需求得到满足之后，才能产生更高层次的需求。

在群体内，个体需要并非完全取决于个体自身的生理或心理需要，而是取决于社会需要或者群体需要。由群体所决定的个体需要是在群体压力下，个体将自身的生理或心理需要与社会期望结合在一起而产生的个体社会需要。如果将个体视为群体成员，那么群体消费可以理解为群体中的个体将自身需要与社会期望结合在一起，追求并实现具有社会外部性的消费需求。换句话说，群体需要是群体对具有积极的社会价值倾向或正向社会外部性公益产品和服务的消费需要，这种需要因为群体追求长远利益并将这种追求与社会期望相结合而产生。

"我们必须认识到我们做出理想的社会选择的能力是有限的，要认识到我们的理性是有限的。尊重个人和社区选择权利是第一步，进而培养社会的同情性。总之，我们应该认识到理性的局限性，在政策执行时更加现实和更加谨慎。"①

从可持续发展的社会同理性角度看，家庭群体担负着繁衍与传宗接代的使命；社区群体担负着居所绿色安全环境保护的职责；组织群体担负着组织事业绿色发展的使命和职责。在政府与社会倡导消费绿色转型的过程中，这三类群体对社会消费总体绿色转型具有深远的影响。

本书一方面研究群体非诱导性消费绿色转型的内在作用机制，以及这些群体消费绿色转型对企业绿色营销的作用和影响；另一方面研究企业绿色营销创新对群体诱导性绿色消费产生的黏着性即群体绿色消费黏性，以及在引发持续的群体绿色购买和消费过程中所起的作用，设法对其中内在的作用机制和影响因素进行深入研究。本书通过对企业绿色营销诱导群体与个体绿色消费所产生的社会影响进行比较分析，形成对群体绿色消费黏性、群体消费绿色转型和企业绿色营销创新等方面较为规范的、系统的发生和发展规律的认知。依据研究结果，本书对企业如何将本来针对个体消费行为的营销管理策略、方法扩展到群体消费行为以及企业进行绿色营销创新等提出相关的对策建议。

本书更加深入系统研究群体消费黏性理论、群体消费绿色转型和企业绿色营销创新等方面，将消费者黏性理论和方法用于绿色消费行为研究具有创新性。另外，本书将绿色消费行为由个体延伸到群体，在目前理论研究和政策实践方面具有挑战性和深远意义。将个体绿色消费理性置于群体消费绿色转型的动态情境中加以考察和研究，在理论上也具有一定的创新性和挑战性。

---

① Tisdell C. A. Ecological and Environment Economics: Selected Issues and Policy Responses [M]. Cheltenham: Edward Elgar, 2003: 6.

目　录

第一章　研究背景与研究框架 ·· 1

　　第一节　绿色发展理念的顶层设计 ··· 1

　　第二节　生产绿色转型向经济社会全面绿色转型的必要性 ············· 3

　　第三节　消费绿色转型与企业社会营销理论 ································ 4

第二章　群体与个体之间的相互关系理论分析 ································ 12

　　第一节　群体分类与群体的社会学理论 ···································· 12

　　第二节　群体内个体之间社会互动与社会学习 ·························· 16

　　第三节　群体对个体的影响和作用 ··· 18

第三章　消费者购买行为的影响因素分析 ······································ 21

　　第一节　产品涉入度对购买行为的作用和影响 ·························· 22

　　第二节　心理因素对购买行为的作用和影响 ····························· 25

　　第三节　社会因素对购买行为的作用和影响 ····························· 30

第四章　企业与消费者联结关系研究 ·· 34

　　第一节　营销学对消费者黏性概念界定 ···································· 35

第二节 营销学对消费者黏性行为的影响因素分析 36
第三节 衡量消费者黏性的变化 40
第四节 消费者黏性的变化过程及营销策略分析 42

第五章 群体非诱导性消费绿色转型及影响因素分析 51
第一节 个体利己主义倾向与社会元价值观 51
第二节 群体非诱导性绿色消费行为：性质与分类 55
第三节 群体非诱导性消费绿色转型：基本条件与影响因素 60

第六章 群体诱导性消费绿色转型与企业绿色营销 65
第一节 群体诱导性消费绿色转型与关键多数理论 66
第二节 影响关键多数消费者绿色消费的价值理论分析 70
第三节 影响关键多数消费者绿色消费的计划行为理论分析 72
第四节 企业绿色营销促进群体诱导性消费绿色转型 78

第七章 群体消费绿色转型与企业社会营销创新 83
第一节 群体消费创新与扩散 84
第二节 社会群体消费绿色转型 86
第三节 企业整合营销创新 90
第四节 群体互动、企业和社会三位一体绿色互动营销新模式 97

第八章 研究结果总结 100

参考文献 104

第一章　研究背景与研究框架

绿色是生命的象征、大自然的底色，绿色发展要解决人与自然和谐共生问题。习近平总书记指出："推动形成绿色发展方式和生活方式，是发展观的一场深刻革命。"

第一节　绿色发展理念的顶层设计

习近平总书记指出，"我们既要绿水青山，也要金山银山。宁要绿水青山，不要金山银山，而且绿水青山就是金山银山"，即"两山"理念。"两山"理念是马克思主义中国化的重大理论创新，是全面推进我国社会主义现代化建设的指导思想，是推进我国经济社会全面绿色转型、实现2030年"碳达峰"和2060年"碳中和"目标的指导原则。

"两山"理念很好地诠释了环境与经济福利之间的唯物辩证关系，指明了实现社会经济发展和保护生态环境协同共生的新路径。生态环境保护和经济发展不是矛盾对立关系，而是辩证统一关系。良好的生态本身蕴含着无穷的价值,能够源源不断地创造社会经济综合效应。

实现社会经济可持续发展,保护生态环境,实现"碳中和"和"碳达峰"等系列目标,成败在于社会经济结构转型、生产方式和消费模式及时有效转变。经济发展不应该是竭泽而渔,生态环境的保护也不应该是舍弃经济发展的缘木求鱼,而是要坚持在发展中保护、在保护中发展。

"绿水青山就是金山银山"阐述了经济发展和生态环境保护的关系,揭示了保护生态环境就是保护生产力、改善生态环境就是发展生产力的道理。人类的生存及其经济福利与生态环境保护或生物圈保护密不可分,绿水青山只是生态圈或生物圈的形象说法。良好的生态环境既是最公平的公共产品,也是最普惠的民生福祉。对人的存在来说,金山银山固然重要,但绿水青山是人民幸福生活的重要内容,是金钱所不能替代的。

片面追求"金山银山"是一种功利主义倾向。功利主义注重自身短期利益得失、讲究理性决策。在功利性驱使下,个人或企业在追求自身利益的同时,往往以牺牲环境为代价。在传统社会,多数公共政策选择具有政治功利主义倾向,这往往导致一国或者地区政策失误,环境恶化、资源枯竭,经济发展难以持续。虽然挣到了钱,但是空气、饮用水都不合格,没有幸福可言。"环境就是民生,青山就是美丽,蓝天也是幸福。"发展经济是为了民生,保护环境同样也是为了民生。坚持生态惠民、生态利民、生态为民,以综合治理解决环境问题为重点,打好污染防治攻坚战,让良好的生态环境成为人民幸福生活的增长点。

绿水青山既是自然财富、生态财富,又是社会财富、经济财富。要坚定不移保护绿水青山这个"金饭碗",利用自然资源优势发展特色产业,因地制宜壮大"美丽经济"。在一些生态环境资源丰富又相对贫困的地区,要通过改革创新让土地、劳动力、资产、自然风光等要素活起来,让资源变资产、资金变股金、农民变股东,把绿水青山蕴含的生态产品价值转化为金山银山。

生态环境问题归根结底是发展方式和生活方式问题，要从根本上解决生态环境问题，必须贯彻绿色发展理念，坚决摒弃损害甚至破坏环境的增长模式，加快形成节约资源和保护环境的空间格局、产业结构、生产方式、生活方式，把经济活动、人的行为限制在自然资源和生态环境能够承受的范围之内。

加快形成绿色发展方式，重点是调整经济结构和能源结构，优化国土空间开发布局，培育壮大节能环保产业、清洁生产产业，推进生产系统和生活系统循环链接。加快划定和严格守护生态环保红线、环境质量底线、资源利用上线"三条红线"。

第二节 生产绿色转型向经济社会全面绿色转型的必要性

我国经济正处于从高速增长向高质量发展转变、全面推进社会主义现代化建设及推动2030年实现"碳达峰"和2060年实现"碳中和"目标的关键时期，经济社会全面绿色转型是全社会的核心任务之一。目前在我国整个社会经济系统中，经济绿色转型总体发展较快、较好，而社会绿色转型相对滞后。

在国民经济内部，推动生产绿色转型的各项措施相对较强，而在消费领域，消费生活绿色转型较为薄弱。

随着我国所处的国际经济贸易环境变化，国内国际双循环互动战略的调整和实施，国内绿色消费需求拉动绿色经济持续增长，推动高质量内需持续扩大的动能作用显现，大力推动消费绿色转型对转变经济发展方式、生活方式以及改善环境质量具有长远的战略意义。尤其是我国传统的粗放型经济发展方式，导致传统社会的过于依赖资源、能源消耗的消费生活方式，罔顾自然生态环境承载能力的消费结构和消费规模，对能源、资源、环境的压力持续增大，因此，适时促进和引导社会消费绿色转型具有重要的现实意义。

加快形成绿色生活方式，要在全社会牢固树立生态文明理念，增强全民节约意识、环保意识、生态意识，培养生态道德和行为习惯，让天蓝、地绿、水清深入人心。开展全民绿色行动，倡导简约适度、绿色低碳的生活方式，反对奢侈浪费和不合理消费，形成文明健康的生活风尚，通过生活方式绿色革命，倒逼生产方式绿色革命。

但是，消费生活方式的转变取决于消费者行为的改变，研究消费者行为的转变需要研究消费者的态度如何改变。消费者的态度取决于消费者的认知、情感和意动三个要素，而认知、情感变化取决于消费者内在的心理因素和外在的社会因素，包括群体影响因素。如何引导社会消费绿色转型，从个体着手还是从群体着手，或者两者同时进行；个体绿色消费与群体绿色消费如何取长补短，互动发展；如何在社会主义市场经济背景下，通过社会倡导、企业参与、群体消费绿色转型带动个体消费模式可持续转变，实现全社会消费绿色转型，这些问题目前缺乏有效研究。

第三节　消费绿色转型与企业社会营销理论

一、绿色消费及消费绿色转型的含义

国内外对绿色消费并无统一的定义。20 世纪 80 年代，英国的约翰·艾利奇（John Elkington）和居里亚·赫尔兹（Julia Hailes）出版了《绿色消费者指南》一书，提出了"绿色消费"概念。所谓"绿色消费"是指避免使用下列

商品的消费：其一，避免使用危害到消费者和他人健康的商品；其二，避免在生产、使用、丢弃时造成大量资源消费的商品；其三，避免因过度包装，超过商品本身价值，或过短的生命周期而造成不必要消费的商品；其四，避免使用出自稀有动物或自然资源的商品；其五，避免使用含有对动物残酷或不必要的剥夺而生产的商品；其六，避免使用对其他国家，尤其是发展中国家不利的商品。① 这些观点无疑说明了在产品购买、使用和最终废弃过程中，消费者要从不考虑上述六种情形转向考虑上述六种情形，并且避免使用具有上述六种情形的产品和服务。

中国消费者协会二届十次理事会确定，2001 年在全国范围内开展"绿色消费"年主题活动。"绿色消费"主要有三层含义：首先，消费者在消费时选择未被污染或者有助于公众健康的绿色产品；其次，在消费过程中注重对垃圾的处理，使其不对环境造成污染；最后，引导消费者转变传统的消费观念，崇尚自然，追求健康，在追求舒适生活的同时注重环保。

基于社会营销，消费者可被定义为：一群接受社会理念、公益事业和参与实践的目标消费群体。因为这类目标群体接受环境健康、资源节约的社会理念并进行公益性消费，其消费行为具有可持续性，有利于社会、经济、自然环境长期协调发展，这类消费行为即为绿色消费行为。

消费模式向可持续性转变是生态文明的必然要求，绿色消费方式的转变是生态文明的重要途径。生态文明要求的消费生活方式以维护自然生态环境平衡为前提，是在满足人的基本需要的基础上的一种可持续的消费模式。绿色消费的核心是消费生活的可持续性，具体表现在：消费本身是可持续的；在消费过程中主要使用绿色环保的产品；消费产品的来源是可持续的，生产的消费品所使用的原材料和生产工艺、生产过程对环境无害；消费过程本身是可以持续

---

① 沈晓悦，赵雪莱，李萱，黄炳昭．推进我国消费绿色转型的战略框架与政策思路 [J]．经济研究参考，2014（26）：13-25.

的，即不会对其他社会成员和周围环境造成伤害；消费产物具有可持续性，即产品在使用后，不会产生过量的垃圾、噪声、废水、废气等对环境有害、难以处理的各种残存物等。

生态经济学或绿色经济学考虑的主要问题是如何通过合理配置稀缺的生态资源延续自然生态平衡和人类发展对自然生态资源的合理需求，主要通过改进资源管理的社会机制——市场价格机制或政府管制、法律制度作用，最大限度保护自然资源和生物的多样性，同时，社会经济发展具有可持续性。经济学强调价值规律在处理经济问题上的重要性；生态经济学对传统经济学利用价格机制或各种经济杠杆来处理经济问题持怀疑态度，它们强调在分析基本经济问题时，需要一种新的生态观点。这些理论无疑为笔者提供了研究基础，但是，对于什么是消费绿色转型、如何对消费绿色转型进行操作性定义，现有生态经济学和绿色经济学理论都是不明确的。

本书从产品与服务消费角度，假定消费绿色转型是指在产品与服务的购买、使用和废弃过程中，从传统的采用不环保、不节能甚至有害的方式，转变为采用环保节能、资源节约和无害化回收利用等方式。基于此，消费绿色转型的操作性定义是：对传统意义的产品和服务采取更加节能、环保的方式进行购买、使用、反复使用直至产品回收与进行垃圾无害化处理和资源化循环利用；在传统产品使用过程中，采用最新的能源技术，如日用电器加装节能环保装置；采用定时控制器、智能化控制，使产品更加节能环保。公共或基础设施类产品与服务采用群体共享使用模式，使产品回收利用，减少资源消耗，以最大限度节约资源和能源消耗。对于传统的商品包装采用少包装或不包装的方式，或者采用生物可降解的包装材料、可回收重复使用的包装材料，以减少对环境的负面影响，最终实现社会总体消费环境的最优控制。

二、社会营销及其观念

企业营销是通过市场调研、分析预测市场变化做出的经营决策；进一步细分市场，并选择其中的细分市场作为目标市场，为其提供产品、服务和售后支持，以满足目标市场用户需要和愿望，最终获取潜在的经营利润，实现企业长期发展的战略目标。根据美国市场营销协会（American Marketing Association，AMA）对企业营销的定义：营销是创造、传播、传递和交换对顾客、客户、合作者和整个社会有价值的社会供应物。换句话说，企业营销是选择目标市场，并通过创造、传递和传播卓越的顾客价值，来获取、维持和增加顾客价值的一门艺术和学科。按照上述定义，一方面，企业营销是向顾客提供或创造价值的过程，这是微观营销；另一方面，企业营销是一个社会过程，受社会道德、政治和法律约束，企业营销管理过程需适应社会道德、政治、法律环境，抓住有利机会，化解环境威胁，实现企业可持续发展，这是宏观营销。

社会营销不同于企业营销。社会营销（Social Marketing）这个术语最早出现在20世纪70年代初。1971年，现代营销学之父菲利普·科特勒和杰拉尔德·蔡尔曼在《市场营销杂志》（Journal of Marketing）上发表了《社会营销——有计划的社会变革途径》（Social Marketing: An Approach to Planned Social Change）一文，首次提出了"社会营销"这个概念。之后，菲利普·科特勒与埃迪尤阿多·罗伯托于1989年出版了《社会营销——变革公共行为的方略》一书。南希·R.李和菲利普·科特勒认为，社会营销就是一个运用营销原理和技巧影响目标受众行为以确保造福社会和个人的过程。社会营销以战略为导向，凭借创造、沟通、传达和交换福利，以期最大程度地为个人、客户、合作伙伴和全社会带来正面价值。①

有关国际协会曾提出社会营销的定义：社会营销力图发展营销概念，并将其与其他手段予以整合，以期改变目标受众的行为，进而惠及个人和社区。从该定义来看，社会营销创新不失为一种有计划地改变群体行为的可行性途径，

---

① 南希·R.李，菲利普·科特勒. 社会营销——如何改变目标人群的行为［M］. 俞利军译. 上海：格致出版社，2018.

而且这种起源于社会营销的目标受众行为改变最终将有利于个人、社区和社会其他群体,这是提高群体生活质量的一种有效途径。

从学科角度看,社会营销是营销学科的一个分支,它是将营销的各种理论、方法和应用技巧用于社会公益事业,研究社会系统中的各种服务组织,包括非营利性的政府社会组织和营利性的社会经济组织尤其是企业。例如,从事社会营销活动的广告传媒公司等创建和解决社会系统中涉及社会公益事业的交易问题。

自20世纪70年代初期以来,社会营销开始作为一门独立的科学,并取得了巨大的进步,对公共卫生、伤害预防、环境保护、社区介入和经济福利等社会问题产生了积极而深远的影响。菲利普·科特勒认为社会营销是特殊的营销科学,旨在变革目标受众的行为,包括改善健康状况、预防伤害、保护环境、贡献社会、提升财务福利①。

广义上,社会营销是一种旨在增加目标受众对社会理念、公益事业和具有实践可接受性的计划的设计、实施和控制过程。社会营销的主体除了企业,还包括其他社会组织,如社区、营销中介甚至政府部门和公益组织。

狭义上,社会营销是指一种营销观念、管理取向。这种观念认为营销者必须关注消费者的短期利益和长期利益,关注自身利益和社会公众利益,应该积极参与创建一个健康和节约资源的外部环境。营销者通过消费市场研究、市场细分和新产品开发、整合营销传播、营销激励和市场交换来实现社会目标,满足消费需求,从而获取利润。营销者的关键任务是确定市场需求,适应目标市场变化。营销者需要提供比竞争对手更有效或高效的满足感,保护和提高消费者与公众的社会福祉。所有这些问题都要求对当前营销学的研究目的、研究范围和框架结构,以及所使用的分析手段进行拓展。

---

① 南希·R. 李,菲利普·科特勒. 社会营销——如何改变目标人群的行为 [M]. 俞利军译. 上海:格致出版社,2018.

社会营销不同于企业营销,社会营销在劝说目标受众接受一种好的行为过程中,促销在其中所起到的作用非常重要,包括人员推销、销售促进和广告宣传。社会营销主要通过品牌传播、促销传播、整合营销传播向人们传递关于公益性产品和服务的想法和信息。一般认为,在社会营销中价格很难定义,这是由于存在难以量化的机会成本,导致市场交换价值难以确定。社会营销可以用来描述各种社会营销活动,这些活动包括试图影响人们对社会观念的接受程度,并在现有知识允许的情况下,获得所需要的受众行为,以实施对社会有用的计划。

综合以上分析,参考菲利普·科特勒的定义,社会营销具有以下四个方面的含义:①社会营销旨在变革目标受众的行为。通过社会营销努力让人们接受一种好的行为,如在环境保护方面积极倡导消费者自带购物袋,倡导社区居民对垃圾进行分类投放等。②社会营销采用系统性规划的方法,并将营销原理和技术用于其中。社会营销者想要解决社会问题,如环境保护、低碳节约,就要使用各种营销工具来影响目标受众,如营销组合策略,尤其是促销传播、品牌传播和整合营销传播方法。③社会营销专注于目标受众。根据目标受众的特定需要,开发量身定做的社会营销策略。④社会营销给个人及社会带来正面收益。社会营销的目标不是赚钱,而是通过营销传播影响和改变人们的生活、消费行为,让我们的社会变得更加美好。①

社会营销在促进消费绿色转型方面具有重要的现实意义。目前,我国以市场为基础的经济政策调控作用不强,范围较窄。我国可持续消费相关的政策出台较晚,对消费者行为的激励和调控作用有限。如何促进与支持企业及其他组织通过绿色营销和社会营销提高改变目标群体的行为,推动群体消费结构转变,增进群体绿色消费意识,促进群体消费绿色转型,这些问题有待深入研究。

---

① 南希·R.李,菲利普·科特勒.社会营销——如何改变目标人群的行为[M].俞利军译.上海:格致出版社,2018.

三、企业绿色营销

政府和社会大力推崇绿色环保发展理念和生活方式，出台各种环境保护政策和措施，如出台对企业非法排污、生产污染或有害产品进行限制的政策和法律措施；又如对非环保、非节能和节约资源的产品和服务进行监管。如今，企业要在有管制的竞争市场中生存和发展，就必须考虑各种违背社会利益行为所带来的风险。特别是随着社会环保意识增强，我国政府对从事高耗能、高污染和资源耗费企业进行的监管和限制显著增强，对企业营销的直接影响就是企业必须倡导环保理念，坚持绿色营销。

绿色营销是企业迎合环保主义消费者的绿色偏好，赋予产品在社会、自然及生态方面的特色和品质保证，创新绿色环保产品，通过再制造、以旧换新、包装物回收利用等内部资源循环利用，降低对自然生态资源的使用、最低限度排放固体废弃物等综合措施，实现生产绿色化转型。借助于营销传播和促销努力，企业将获得认证的绿色产品和服务推销给潜在的和现实的消费者，以实现营销的社会目标，满足消费者的需要，同时取得企业经营利润。企业通过绿色营销促进环境保护、资源节约，增进社会福利，履行环境责任和义务，提升企业商誉。

企业绿色营销是企业社会营销的一种现实表达。绿色营销需要企业考虑如何在营销过程中承担更多的环保方面的社会责任和义务，需要企业运用绿色营销战略、策略和各项计划诱导消费者绿色消费和绿色生活。通过创造绿色文化、创新绿色产品、塑造绿色品牌，吸引更多环保主义消费者使用绿色产品与服务，促进社会消费绿色转型。企业需要将一般的品牌忠诚者转变为绿色产品忠诚者，增加消费者对绿色产品和服务的黏性，企业可以通过制定绿色营销战略及其营销组合策略，有计划地影响群体消费绿色转型。

四、全书的篇章结构和内容简介

第一章，研究背景与研究框架。本章讨论群体消费绿色转型与企业社会营销创新的现实背景、理论背景及本书研究思路。

第二章，群体与个体之间的相互关系理论分析。借助社会学和社会心理学的基本理论和方法，研究群体与个体之间的相互关系、群体对个体的影响和作用，尤其是对群体内部个体之间社会互动和社会学习的作用与影响机理进行分析，为研究群体非诱导性和诱导性消费绿色转型提供理论依据。

第三章，消费者购买行为的影响因素分析。本章研究群体及个体消费者购买行为等基础理论，重点探讨消费者在购买决策过程中的内在心理作用机制和外在影响因素，涉及产品涉入度、心理因素、社会文化因素等。

第四章，企业与消费者联结关系研究。本章重点研究消费者黏性理论，解释了企业与消费者联结过程中各种营销因素的特殊作用，以及消费者黏性的阶段性变化规律与企业策略。

第五章，群体非诱导性消费绿色转型及影响因素分析。这一章除了深入研究群体绿色消费转型过程中社会互动规律外，还引入社会学、哲学和经济学理论如功利主义价值观、亲社会行为、共享经济及范围经济理论说明群体绿色消费受多种因素影响。

第六章，群体诱导性消费绿色转型与企业绿色营销。本章对有关消费者绿色消费行为、动机等进行深入研究，引入关键多数理论、消费价值理论及计划行为理论研究群体诱导性消费绿色转型与企业绿色营销创新，展示企业绿色营销组合策略。

第七章，群体消费绿色转型与企业社会营销创新。本章主要研究了社会群体行为转变过程中的群体绿色消费创新扩散和企业整合绿色营销创新问题，探索了大众群体、企业、社会绿色互动营销创新。

第八章，研究结果总结。

第二章　群体与个体之间的相互关系理论分析

研究群体消费行为，尤其是群体绿色消费行为非常重要。研究群体消费行为需要借鉴社会学理论，以便洞察群体对个体行为的作用机制和形式。本章将利用社会学和社会心理学理论，对群体分类、社会互动与社会学习、群体影响和决定因素三个方面展开分析。

第一节　群体分类与群体的社会学理论

社会学和社会心理学对群体过程和群体行为进行了深入研究。群体与个体存在不可分割的联系，群体是许多行为个体所依托的社会母体。同时，不同行为个体及其不同的特征构成了社会群体之间的具体差别。

一、群体的社会学定义与判别标准

布朗（2007）在研究群体过程时，对群体进行了定义：群体是两个或两个以上经历了某种相同命运或某种社会结构中共同存在或具有共同社会认同或在面对面基础上互动的人们。Robert Merton（1970）对群体概念提供了另一个清晰的定义：从社会学角度看，群体是指按照既定模式与他人进行互动的一群人。他们往往建立了一定的社会关系，而社会关系可以理解为在某种社会结构中能够进行群体识别的有效部分。在一定的社会结构中，社会关系通常表现为群体成员的地位和角色关系，这种社会关系本身就是社会互动模式的形式。例如家庭群体内的父（母）子关系、夫妻关系和婆媳关系可以用于识别不同的家庭群体。家庭成员依据家庭关系进行互动，如赡养父母、培养子女、孝敬公婆。此外，社区中的邻里关系以及相关群体中的朋友关系或同伴关系也是群体结构中的社会关系。从社会结构角度看，家庭关系赋予家庭成员明确的权力和地位差异（布朗，2007）。在社区中，社区居民与代表社区群体的居委会订立"垃圾分类公约"。居民依据公约分类投放垃圾，可以获得表扬和奖励，反之，会受到批评和惩罚。在社区中，居民个体与居委会或全体居民构成了群体，通过乡规民约形成社会关系，按照既定模式，在垃圾分类方面进行社会互动。

在群体中，角色定义显示了社会分工差异，在正式组织群体中，角色是明确的，因此，正式组织群体中的角色可以通过组织流程图加以描述。在非正式组织中，社会角色多数是约定俗成的，如家庭群体、社区群体中的成员角色。然而我们日常生活中大部分群体成员的角色并非需要正式描述或说明。群体另一重要特征是群体成员的社会地位差异（谢利·泰勒等，2010）。在社会系统中，不同职位拥有不同声望和权威。社会心理学一般基于"预期地位理论"进行分析，即群体成员想要达到某种共同目标，并授予那些愿意帮助群体获得成功的成员更高的地位，按照实现群体目标所能贡献的能力大小评价成员的社会贡献，从而确定成员在群体中的社会地位差别。

---

① Robert K. Merton. Social theory and social structure（Revised Edition），New York：Free Press，1957：285-286.

布朗（2007）认为群体的行为通常是相似的或一致的，而人际行为则表现为个体差异的正常变化幅度。群体成员的行为通常相当一致，这是由于群体内部个体对待他人的方法变得固化或者社会化，实质是个人认同到社会认同的心理功能转变。

群体产品如标语口号、道德规范和价值标准，能够内化并指导人们的行为。在群体内，各个成员的自我形象取决于社会认同，这时个人认同很少或不起作用，这种共同意识强化了群体行为的一致性和目的性。因此，比起个体，群体行为更能够达成共同的社会目标，如环境保护、垃圾分类、节能减排等。

Newcomb（1950）提出了一个类似的群体概念，其将群体定义为基于共享规范和关联角色而形成的团体。从社会心理学看，一个群体的独特之处在于群体成员拥有共享规范。共享规范所涵盖的范围可大可小，至少包括了群体成员为谋求共同的利益而形成的行为规范，也包括关于群体成员角色规范。行为规范与角色规范相互关联，在群体内共存。群体某些鲜明的特征构成了群体共享规范和关联角色定位，能够预设为一种非短暂的社会互动和传播沟通关系。

组织群体具有明显的角色分工和共享规范。在组织群体内，个体承担各自职责和使命，遵循组织的共享规范，形成群体角色定位。如果一个以绿色环保为使命的组织组成群体，那么，这种共享规范就是群体对个体生产和消费行为方面的规定和要求，如环保责任和社会义务。

在社会学意义上，个体对群体的依赖程度取决于个体对所认同的群体行为目标的追求，以及这种追求是否促进了群体成员实现共同目标。从社会心理学角度来看，个体对群体的依赖程度取决于组成群体的每个个体是否积极进取以实现共同的行为目标，这种共同的行为目标需要遵循群体共享规范、价值观和道德标准。

社会学理论经常将儿童时期的个体参加某些群体作为社会化的一部分，如出身于特定的家庭、特定的种族群体，有时候还包括特定的宗教群体。随着儿童个体的成长,他们重视自身的特点,驱使他们选择能够反映和强化这些价值观或宗教信仰的社会群体。人们作为群体成员的社会认同变得越重要,则他们作为独特个体的个人认同会相应变得不那么重要。追求信仰目标的个体认为信仰比自己的一切甚至生命更加重要。

二、群体的社会学分类

Turner(1956)[①] 提出要按照群体对个体的不同影响进行群体分类。他将社会群体分为三类:认同群体、评价群体和互动群体。

认同群体是个人或个体价值观、态度和信仰的主要来源。群体认同是社会认同(Social Identity)。社会认同是个体自我形象的组成部分之一,来自于他或她在一个或多个社会群体中的成员身份,以及与这种身份有关的价值观和情绪的含义(谢利·泰勒等,2010)。这些群体包括家庭、族群、社区群体,以及其他突出或强化自我重要方面的群体。

在社会心理学有关认知理论中,社会认同是形成自我概念的一个关键要素,社会认同是自我形象的一部分,起源于一个或多个社会群体的成员身份,连同与该群体相联系的评价。自我形象主要由社会认同和个人认同组成。社会认同的基础是群体归属,个人认同的基础是独特的个人特征。Turner(1956)也认为自我形象包含个人认同和社会认同,个人认同是指以人格或特征为形式的自我描述;社会认同是以群体范畴的成员资格为形式的描述,这种属于一个群体的想法形成人们的一部分自我形象。群体成员在态度和行为上经常表现出一致性,Turner(1956)认为这种一致性背后的原因是"在将他们自己定义为一个特定群体成员过程中,人们通常也会将自身与群体的一部分共同属性和规范相联系,个体的态度和行为具有群体背景下最典型的

---

① Ralph H. Turner. Role-taking, role-standpoint, and reference group behavior [J]. American Journal of Sociology, 1956, 61 (4): 316-328.

一致性特征"。

认同群体对应于规范群体。评价群体是指个体将其作为参考点使用的群体，评价群体对应于比较群体。互动群体是由认同群体目标、规范和价值观的个体构成的群体，在分析此类群体的特征和范围时，必须把个体试图实现其目标的行为考虑在内，互动群体在某种程度上具有规范性质。上述三种分类的社会群体涉及群体之间和群体内部的社会互动和社会学习。

第二节　群体内个体之间社会互动与社会学习

社会互动是判别群体存在的重要标准之一，社会互动是社会选择理论的重要方面，根据社会选择理论，社会互动是指互动群体内部群体成员相互影响、相互作用。此时，群体的行为规范、价值观和道德标准会影响到个体偏好。社会互动是群体的社会外部性的特殊形式，社会互动的关键在于个体如何选择互动群体。互动群体的选择取决于周围环境，能够充当个体互动群体的通常是家人、邻居、朋友、同伴或同事，即一般认为的相关群体或参考群体。选择家庭成员作为参考群体进行家庭互动，形成家庭群体；选择邻居作为参考进行社区互动，形成社区群体；选择同伴或同事作为参考进行组织互动，形成正式组织或非正式组织群体。

优势社会互动被称为非市场互动，强调这种互动不受价格机制的控制。社会互动模型专门用社会互动作用机制来解决社会科学中普遍存在的问题。①

许多社会互动作用机制模型认为社会互动存在策略互补性，当个体行动的

---

① 史蒂文·N. 杜尔劳夫，劳伦斯·E. 布卢姆. 新帕尔格雷夫经济学大辞典（第二版）[M]. 北京：经济科学出版社，2016.

边际效用随着同伴平均行动量增加而增加时，策略互补性就会发生（托马斯·C. 谢林，2007）。因此，基本面变动对个体行为既有直接影响，也有同方向的间接影响。个体行为变动不仅源于基本面的直接变动，还源于其他同伴的行为变动，所有这些间接影响的结果就是社会乘数效应。

在现代经济学理论中，策略互补性理论是合作博弈理论的重要方面，策略互补性理论认为个体策略并非是最优的，但将个体策略组合在一起产生群体结果就能够达到比任何单个个体更优的效果，如用策略互补性理论分析居民区垃圾分类处理问题。垃圾分类投放存在策略互补性，个体在对家庭垃圾分类、包装并选择投放的场地过程中需要花费额外的时间、精力甚至金钱，因此，垃圾分类投放对个体而言并非是最优策略。但若每个人均按照社区统一要求进行分类投放，这样既减少了个体的精力、时间和金钱支出，也使得事后人们对垃圾处置、再利用效率大大提高。比如垃圾干湿分离、分类收集，可以大大降低垃圾发电厂的发电成本，提高发电效率。

社会互动作用模型对研究人群分类和不同地域间的活动很有意义。群体内社会互动行为通常表现为社会学习过程，社会学习与社会互动关系密切，所谓社会学习是指个体通过观察他人的选择来学习。社会互动理论说明个体与群体之间存在密切联系，群体行为构成个体行为的基本面，间接影响个体行为，同时社会互动中的参考群体也会直接影响个体行为，这些影响的结果会产生社会乘数效应。个体在群体范围内既互动学习，也合作博弈。互动学习是行为趋同过程，合作博弈是行为存异过程，前者体现了个体对群体规范、价值观和道德标准的追求和向往，后者体现了群体中个体功利主义或趋利性行为倾向。

第三节 群体对个体的影响和作用

群体对个体产生影响和发生作用的因素主要包括：参考行为维度、社会权力基础、群体权力和群体凝聚力。

一、参考行为维度

参考群体是个体将其作为参考点使用的群体，个体选择参考群体的关键在于明确参考行为维度。参考行为具有三个相互关联的维度：知识、约束和情感。从知识维度来看，如果一个人要用特定的现象作为参考，他（她）必须知道和了解该现象。个体对参考群体的认识程度有助于确定参考群体可能对他（她）所遵循的规范、价值观、道德标准等对其地位和行为产生影响的程度。一般而言，若个体了解参考群体的存在，并不足以构成一种影响关系，只有将对参考群体的规范、价值观和道德标准的认知与个体自身的知识结合起来，才具有群体影响力和促进作用。个体拥有的群体知识越接近完全，群体对个体的影响越大，而且这种影响也越重要。

从约束维度来看，个体拥有的参考群体的知识所涉及的实际因素，以及个体所能处理和使用的参考群体的知识的数量存在一定的限制。个体使用群体知识的数量也受到参与知识交流的渠道数量限制，实际上不同个体参与知识交流的范围也存在差别。

情感是参考行为的第三个维度，情感是指个体对参考群体所持有的态度或倾向。积极的情感等同于个体对群体的积极认同；消极的情感等同于个体对群体的消极认同，如果个体对参考群体持消极态度，则个体不接受他们的群体规范。在某些情况下，个人甚至可能为了将自己与消极认同的群体区分开来，而采用其他群体的信念、态度和规范。

二、社会权力基础

个体与参考群体之间的关系可以根据群体相对于个体所具有的社会力量来探讨。French 和 Raven（1960）认为有五种社会权力基础：奖励权力、强制权力、合法权力、参考权力和专家权力。奖励权力和强制权力相当于正面制裁和负面制裁。合法权力是一种源于个人的内化价值观，这种价值观规定某些参考群体有对个体施加影响的合法权力，而个体也有相应的义务接受群体影响。参考权力基于个体与参考群体之间的认同程度等同于情感。专家权力与参考权力存在相关关系，专家权力是基于个人对被推荐人的专业知识的评估，与专家自己的专业知识相关，也与评估采用的绝对标准有关。

French 和 Raven（1960）认为对于五种权力类型来说，权力基础越强，权力就越大。对于任何一种权力，其影响范围的大小可能相差很大，但一般而言，参考权力影响范围最大。奖励性权力和强制性权力高度依赖社会主体拥有的广泛影响力和群体赋予的权威。奖励会增加群体的吸引力，降低阻力。强制越合理，产生的阻力和引力就越小。

三、群体权力

群体权力指一种能改变个体观点、态度和行为的能力。拥有这种权力的群体不仅能改变个体外在的行为，而且能够对个体的观点、态度施加影响。如果一个人受到群体的明显威胁却不能离开群体，那么这些威胁就可以改变个体的意见、态度和行为。除此之外，群体力量的作用方式还表现在群体通过内部说服，设法使个体成员的意见和态度产生内在变化，进而影响个体使其继续留在群体中。群体影响成员的意见和态度的力量，一般不超过作用于该成员留在群体内或成为该群体成员的力量总和。群体对成员的吸引力越大，群体影响该成员的能力就越大。

四、群体凝聚力

群体凝聚力是指所有作用于成员并使其留在团队中的力量。凝聚力是衡量一个群体对其成员吸引力大小的标准，凝聚力的产生是由群体共享规范和个人的某些特性决定的。一个群体对其成员的权力与该群体凝聚力成正比。无论群体对成员的吸引力是基于成员之间的个人吸引力，还是基于群体任务的有效执行，以及成员所获得的威望，凝聚力和权力之间的关系都是存在的。

第三章 消费者购买行为的影响因素分析

营销理论认为消费者是指为满足个人和家庭需要对产品和服务进行购买的个人。消费者购买行为是指个人为自己及其家庭需要或服务体验,在发现、评估、获取、消费和处置产品方面采取的行动和购买决策过程。这些定义着眼于消费者购买行动和决策过程,强调个体理性决策及其行为在购买过程中所起的作用。

从营销理论角度来看,任何产品和服务都应该从满足消费者需求出发,通过企业新产品研究开发、制定营销计划,运用产品策略、价格策略、渠道策略和促销策略,以让消费者满意为最终目的,通过市场交易将产品和服务最终分销给顾客或用户。营销理论认为消费者购买受到各种因素的影响,如心理因素和社会因素。消费者购买行为受到社会心理因素的影响,如消费者的个性、价值观和个人形象。对于购买行为而言,产品及服务的涉入度对消费者购买类型的复杂性和购买意愿及行为产生影响。产品涉入度越高,消费者购买意愿越强,反之,同样的产品和服务,产品涉入度越低,消费者购买意愿及行为越弱。各种因素对消费者购买意愿和行为的影响并非一成不变。

个人形象分为自我认知形象和社会认同形象。自我认知形象或自我观念由个体性格特征决定，它会影响个人对其与他人之间的关系评价，以及个体对自我特质的看法。不同的自我认知形象在不同的情景中会产生不同的情感反应，不同的情感反应会引发个体产生不一样的行为。处于社会环境中的个人受社会互动和社会认知影响而形成社会认同形象，个人的社会认同形象对产品及服务的涉入度具有极大影响。

本章对影响消费者购买行为的各种因素进行分析。首先，分析产品涉入度对消费者购买行为的作用和影响；其次，分析心理因素对消费者购买行为的作用和影响；最后，分析社会因素对消费者购买行为的作用和影响。

第一节 产品涉入度对购买行为的作用和影响

产品涉入度是指一种产品或服务与消费者满足当前的需要或服务的价值相关程度。产品涉入度越高，消费者在购买决策过程中花在搜寻上的时间会越多；反之，产品涉入度越低，消费者在购买决策过程中花在搜寻上的时间会越少。不仅如此，产品涉入度还会影响消费者购买决策的程序。如果产品涉入度低，消费者在购买决策过程中被动决定、购买产品，被动评估品牌价值，被动评价产品。如果产品涉入度高，消费者在购买决策过程中主动决定、购买产品，主动评估品牌价值，积极进行产品体验。

从产品涉入度看，如果绿色认证产品涉入度较低，消费者只是被动购买，并在产品使用后再评价产品的使用价值。反之，如果绿色认证产品涉入度较高，消费者会先通过品牌价值或产品使用体验甚至品牌情感来评价产品的使用价值，然后决定是否购买。因此，促进个体消费者对绿色认证产品或服务的使用，关键在于能否通过产品体验、品牌或价值感知，提高消费者绿色认证产品涉入度。如在欧美国家，因 2021 年石油、煤炭和天然气等国际大宗能源价格上涨，导致电价上涨，加上新冠肺炎疫情导致失业和收入下降，使得节电环保的绿色电器如 LED 灯等产品的涉入度提高，消费者纷纷购买 LED 并更换原有的灯具。

产品涉入度是消费者将产品体验、品牌或价值感知与自我形象进行匹配的结果。自我形象是消费者对自我的一种认知，自我认知既受到内在的心理因素影响，也受到外部社会文化因素影响。自我形象认知包括两个部分：一是自我认同，二是社会认同。特纳认为自我概念包含两种成分：个人认同和社会认同。个人认同是指人格特征形式的自我描述，而社会认同是以群体范畴的成员资格为形式的描述。①

自我认同即个体在内心对自己的一种形象认知或固化，例如消费者认为自己是一个环保主义者，这就是一种自我认同。社会认同是个体自我认同的一部分，源自个体的特定知识，这种知识涉及一个社会群体或多个社会群体的成员资格以及与之相关联的群体的价值观和情感意义。② 例如，消费者认为自己属于某个社区居民，参加社区各种活动。对自我形象的认知往往随着个性心理和社会文化环境的变化而变化。

为了提高绿色认证产品涉入度，企业需要通过绿色营销提高消费者对绿色环保方面的自我形象认同。强化消费者对绿色环保观念的个体认同和社会认同，如企业或社会组织倡导环保主义消费的个人积极形象，带动消费者参与营造绿色生活小区，如加装小区绿色充电设施等。前者用来增强个体绿色认同，后者用来增强群体绿色认同，即社会绿色认同，最终提高消费者绿色消费的自我认知。据此，企业需要将绿色经营理念或价值观融入产品的属性和品牌价

---

① 谢利·泰勒，利蒂希亚·安妮·佩普卢，戴维·西尔斯. 社会心理学（第 12 版）[M]. 崔丽娟，王彦等译. 上海：上海人民出版社，2010：5.
② 布朗. 群体过程 [M]. 胡鑫，庆小飞译. 北京：中国轻工业出版社，2007：202.

值,通过产品的回收利用、再制造等提高消费者绿色认证产品涉入度,感知绿色认证产品的社会价值,进而提高消费者对绿色消费的追求,促进群体消费绿色转型。

消费者购买由多个行为阶段或决策过程构成,根据营销理论,消费者购买决策过程包括五个阶段,分别是需求认知、信息搜寻、评价选择、购买及购买之后的评价。完整的消费者购买决策过程如下:首先,消费者确认自身或家庭需求;其次,消费者搜寻内部或外部各种信息以满足购买评估需要;再次,消费者对品牌进行选择并最终进行购买;最后,消费者进行购买之后的评估,从而完成一次复杂的购买行为过程。完整的消费者购买决策的五个阶段反映了购买决策在消费选择和消费实行方面的重要性,而这种重要性是由产品涉入度影响和决定的。换言之,产品涉入度越高,决策过程越完整、越复杂甚至要反复进行;反之,决策过程越不完整、越简单或要一次性完成。依据品牌差异性和产品涉入度的不同对消费者购买类型进行如下划分:

(1) 复杂的购买行为。贵重、不经常购买、有风险、具有象征意义和实际意义的产品,消费者的购买行为会稍显复杂。企业要尽早介入,设法让消费者知道和确信企业、品牌的特征与优势,使消费者逐步建立信心和信任。

(2) 减少失调感的购买行为。若产品品牌差异不大,只要企业降价促销,多数消费者便会进行购买。但因购买决策比较仓促,这些消费者购买产品之后,难免会有不满意或产生失调感。此时,消费者会通过"学习"减轻失调感。

(3) 简单的购买行为。如果是日用产品,价格不贵,甚至消费者以往购买过,此时,只要企业降价促销,采用广告和营业推广等激励措施,会很快促成消费者购买。

(4) 寻求多样化的购买行为。消费者选择不同品牌或产品进行分次购买。

第二节 心理因素对购买行为的作用和影响

消费者购买决策过程除了受产品涉入度影响,也受到消费者内在的复杂的心理因素影响。影响消费者购买决策的心理因素主要包括:动机、知觉、学习、态度、信息处理。

一、动机

营销学者在 20 世纪 50~60 年代首次进行动机研究,试图识别消费者购买各种产品的潜在意识及其原因。在此之前,动机的研究主要依据弗洛伊德的精神分析学的观点,认为大多数人类行为不是由有意识的思想决定的,而是由无意识的冲动、激情、压抑的感情和潜在的欲望决定的。这些研究早期为营销人员提供了动机与激励理论的一些基本见解。

动机理论是基于认知的一致性原则,主张我们在不同态度之间以及态度与行为之间寻求一致性,强调个体接受符合自己总体认知结构的态度。① 动机是激励消费者购买行为的内生力量,这些力量驱动个人追求满足个人及其家庭需求,并通过购买决策最终完成所需要产品的购买。

从需求层次理论角度看,个人不同的需求经常被认为是作用于其动机的起因。根据马斯洛的需求层次理论,人类的需求分为五个层次:生理需求、安全需求、归属和爱、尊重需求、自我实现需求。马斯洛将这些需求按照等级次序进行排序,认为较低层次的需求得到满足之后,才能产生更高层次的需求。动

---

① 谢利·泰勒,利蒂希亚·安妮·佩普鲁,戴维·西尔斯. 社会心理学(第 12 版)[M]. 崔丽娟,王彦等译. 上海:上海人民出版社,2010:133.

机首先来自于基本的生理需求，这类需求包括食物、水、住所等。心理需求通常是一种学习得到的需求或者可简称为习得需求，它源于社会化，是人们期望其采取行为的过程或产生的行为结果能够得到社会认同，符合社会习俗和规范要求。这类需求包括个人友谊，即归属和爱需求；声望和地位，即社会尊重需求；自我价值感，即自我实现需求。社会尊重和自我实现需求是较高层次的心理需求。个体在得到生理需求满足之后，一步一步获得安全感、被他人接受、得到社会尊重，从而实现自己的愿望，产生最大的满足感。从自我实现角度看，个人的动机之一就是追求自我价值实现。

二、知觉

人类用感官去看、听、闻、尝。感觉是外部刺激引起的，而知觉是一个认识和选择过程。知觉是对感知的事物加以识别、比较和主观选择的过程。消费者的知觉过程是有意识或无意识的选择过程。消费者的知觉过程包括四个阶段：选择性曝光（接触）、选择性注意、选择性理解和选择性记忆。在每个阶段，产品或品牌信息都可能被消费者筛选、忽视、误解或遗忘。营销人员把消费者寻找或避免信息的能力称为选择性，即消费者寻找或接触信息的倾向性。有意寻求更多产品或品牌信息的消费者选择性称为选择性曝光。但是，如果消费者每天对每条产品广告信息都加以关注，就会导致信息过载，产生知觉疲劳。即便如此，绿色认证产品具有环境友好和个人有益的属性，如果消费者认识到购买和使用这些产品有利于个人和家庭其他人员的健康、能源节约和环境保护，那么他们就会选择性地关注产品的广告信息和品牌体验。例如，家庭采用LED节能灯具用于照明，既能获得良好的照明效果，更加环保节能，又能获得因电能消耗下降而产生的经济效率。因此，消费者会选择性关注不同品牌的LED节能灯具的产品广告。

知觉往往与消费者以往的经验有关，消费者具有大量的绿色认证产品使用知识和经验,就会更加倾向于绿色购买,获得节能环保产品使用的预期效果。在大多数情况下,消费者会有选择性地关注他们感兴趣或具有倾向性的产品广告信息,关注他们所拥有的产品信息与他们希望实现的目标或经验是否存在冲突。对于营销者,他们面临的最大挑战是如何吸引消费者的注意力。为了获得关注,营销者应该以一种与受众相关的方式传递信息,如名人代言、赞助体育赛事等,以吸引人们关注。其重点在于通过对消费者有意义或有趣的广告来吸引人们的注意力。

品牌标志醒目、简单,产生特殊的广告视觉效果,经常可以吸引人们的注意力。选择性理解是指消费者倾向于根据自己的偏好来解释收集的信息,对此,营销者必须小心,确保他们的产品和信息被消费者以预期的方式理解。如果消费者具有强烈的信念,并且认为产品信息与买方的观点不一致,那么,产品信息就会被认为与消费者预期不一致,与其过去的行为矛盾。选择性理解对消费者选择产品信息留存信息很重要。人们理解信息的方式决定了信息的记忆程度。人们倾向于回忆与自己的信念、愿望或行为相一致的东西。一旦信息被保留,它将一直保留到被替换或更改为止。旧的信息可能会被忘记,如果新的信息与消费者的信念一致,信息就会被接受和留存在记忆中。由此可见,营销者了解和掌握消费者当前所持的信念很重要。

三、学习

学习理论将态度视作习惯,认为其与任何事情一样,是通过学习得来的,因此,消费者学习决定了态度的形成。[①] 比如消费者学习如何获得和使用产品,这一过程从婴幼儿时期开始,并在整个生命过程中持续。通过学习,消费者选择决定何时、何地以及如何购买、消费及最后处置产品的行为模式。学习是指

[①] 谢利·泰勒,利蒂希亚·安妮·佩普卢,戴维·西尔斯. 社会心理学(第12版)[M]. 崔丽娟,王彦等译. 上海:上海人民出版社,2010:133.

由经验引起的消费者购买行为倾向的任何变化。学习有两种基本类型：认知学习和行为学习。认知学习强调感知理性和解决问题，它专注于知识、见解、想法、观点和目标。产品涉入度越高，购买行为的挑战性越强，消费者的注意力越是集中在解决问题的行为上，包含主动学习。行为学习聚焦消费者做了什么，而不是他们在想什么，当消费者对外部事件做出反应时，在经验和操作性条件的共同作用下产生消费者行为学习。操作性条件有时也称为工具性条件。

四、态度

态度是一种具有认知、情感和行为成分的准备状态，它反映了消费者对信息、品牌、产品、产品特征或生活其他方面的信念。态度是对客体、议题或人的评价。基于情感、行为和认知信息的情感成分由个体对刺激的情绪和感觉构成，特别是积极的或消极的情感评价。行为成分由个体倾向于对刺激如何做出反应构成。认知成分由个体对特定态度对象的思维构成，包括事实、知识和信念。态度的三个成分彼此之间并不总是高度相关的。① 态度通常描述为消费者对产品或其特征的偏好，如喜欢产品或不喜欢产品。具体地说，态度由三方面要素组成：认知、情感和行动。认知要素是指消费者不受情绪影响的对产品属性的认识。认知反应理论考虑的是造成我们被动接受说服性沟通的条件，这些沟通专门设计用来改造我们的态度。情感要素是消费者对产品及其特征的偏好表达。行动要素反映了消费者积极或消极的行为倾向或最终行为结果。以绿色认证产品为例，营销者若要改变消费者对绿色认证产品或品牌的态度，可以从以下三个方面入手：首先，提高消费者对绿色认证产品的认知水平，营销者要不断向目标受众传播产品的绿色特性、环保理念和品牌绿色价值，使消费者对绿色认证产品赋予个人的潜在利益有充分期盼，或对购买和使用绿色认证产品

---

① 谢利·泰勒, 利蒂希亚·安妮·佩普卢, 戴维·西尔斯. 社会心理学（第12版）[M]. 崔丽娟, 王彦等译. 上海：上海人民出版社, 2010：132.

所能够得到的社会价值认同有充分认识。其次，企业应该改变消费者对已有产品的情感，强化消费者对绿色认证产品的情结，提升对绿色认证产品的品牌的情感依赖。最后，在绿色认证产品营销过程中，通过及时有效地改变消费者态度，让消费者重复购买和接受绿色环保产品，并获得良好的产品使用体验。信念是一种描述性的想法或信仰，表达对某一事物本质特征的固有的看法。对于营销者而言，任何时候想改变消费者购买行为的关键在于改变消费者的态度和信仰。

五、信息处理

信息处理是指消费者获取、存储和评估他们用于购买决策数据的方式。人类大脑有一种非凡的能力来处理所接收到的信息。感知、动机、行为学习和态度被整合到人类的思维系统中，该系统获取、存储和分析数据，以达到目标导向的行为。信息加工的关键是对信息的编码并储存在记忆中以供日后使用。编码是将信息转化为知识的过程。大脑有两种不同的信息编码方式，这使得它既能够处理图形、集合和非语言信息，以及语言、符号和分析思维，也能够将所有这些信息结合起来，产生综合性知觉。

当语言或符号被储存在语义记忆中时，语言编码就发生了。一般认为，产品及其包装、品牌名称及其标志符号、产品价格及促销信息就是通过这种方式存储在人的记忆中。记忆是储存和回忆已经编码的信息或知识的大脑的一种能力。记忆分为三类：感觉记忆、短期记忆和长期记忆。感觉记忆产生后在很短时间内会消失或被遗忘。但是，当注意力集中在少数刺激时，有关这些刺激的感官信息会被转移到短期记忆中。短期记忆用来解释从感觉记忆所发出的信息，通常它只能保存很短时间，而且它的容量比感觉记忆小得多。长期记忆是能够保持几天到几年的记忆，从生物学上来讲，短期记忆是神经连接的暂时性强化，通过巩固后可变为长期记忆。

第三节　社会因素对购买行为的作用和影响

社会因素对个体消费者和家庭购买行为有很大影响。许多社会因素会影响购买决策。对营销者来说，影响消费者购买行为最重要的社会因素是文化和亚文化、社会阶层、参考群体和家庭。

一、文化和亚文化

文化是一个社会中人们所能共享的并存在代际传承的有关价值观、信仰、语言和习俗等行为模式。文化嵌入人们日常的行为和举止，普通人经常将此视为习惯或理所当然的生活方式。历史上，文化传播经常通过政治、宗教甚至战争来实现。但是今天许多文化在一国或全球传播可以通过企业在一国或全球范围内的营销传播进行。同样地，文化也影响公司营销。考虑到文化价值，营销者应该根据不同社会中人们的特殊社会文化背景甚至习俗调整营销策略。价值观是关于什么是正确的思考和行为的共同规范标准问题，它反映了社会认为有价值和值得追求的东西。营销者需要了解价值观，这样他们的行为才不会与特定市场的消费者所考虑的和能够做的相反。

了解文化可以让营销者了解整体情况，但他们也需要更加具体的信息。亚文化是指在同一文化中拥有共同价值观的一群人所具有的社会特征，可以用这些人群的种族、年龄、宗教和性别等所具有的特征来定义。一个民族的亚文化可以是一个非常广泛的范畴，如一个国家拥有多个民族文化习俗。营销者需要了解不同民族人群可能购买的产品或喜爱的品牌。

二、社会阶层

社会阶层是基于相似的收入等级或者职业地位而形成的相对同质的人群。相同社会阶层的人群具有相同的兴趣和目标一致的行为，倾向于分享相同的价值观。相同职业、相近收入的人群的购买兴趣和习惯往往具有相似性。社会阶层不同会影响人们对居住环境、购买耐用消费品或其他价值服务的选择，如住房、汽车购买和使用，以及人们对运动健身俱乐部的兴趣。

三、参考群体

经常作为参考群体的是朋友、同事、家庭成员和邻居。对此，在第二章已有论述。大量研究表明参考群体对消费者购买有着显著影响，主要表现为相关群体的规范和价值观对消费者行为产生影响。虽然在群体中或群体间每个成员是独一无二的，但每个人都遵守参考群体的规范和价值观，并且将所认同群体的规范和价值观内化，作为个人行为标准。

参考群体作为与消费者交往最多、关系最密切的相关群体，是消费者购买行为和购买意愿中至关重要的作用群体。陈凯和彭西（2014）剖析了参照群体对绿色消费态度—行为差距的影响作用，他们从参照群体视角提出了对绿色消费态度—行为差距进行干预，可以促进绿色消费态度向绿色消费行为的转化。Kim 和 Choi（2005）认为参考群体的环境相关行为会促使消费者进行绿色购买。王大海、姚唐、姚飞（2015）指出参考群体是影响消费者生态产品购买决策中矛盾态度水平的外在的情景因素。参考群体对个体消费行为的影响包括信息性影响、功利性影响和价值表达性影响。参考群体是个体获得相关消费知识的重要渠道，消费者会通过参考群体中的成员以观察和询问的方式获得信息，积极正面的信息将促进绿色消费意愿与行为，消极负面的信息会抑制绿色消费意愿与行为，这体现了参考群体的信息性影响。倘若消费者强烈认同，或者向往的参考群体具有绿色消费的重要特征,那么消费者理想的自我概念将会具备这一绿色消费特征,并在消费行为中加以体现,从而使实际自我认知接近理想中的自我概念,这体现了参考群体的价值表达性影响。环境心理学研究表明消费者的自我概念能够影响其绿色消费行为的性质和程度。一个自认为是环保主义者的消费者会经常关注生活中的资源节约,如节电、节水、购买绿色环保产品等。参考群体的信息性影响和价值表达性影响,通过增加绿色消费知识和更新自我概念以调整个体的绿色消费态度,并促使其绿色消费态度与行为趋于一致,而参考群体的功利性影响表现为消费个体受到群体压力,可能被迫在消费选择中隐藏自己的态度、意愿而遵从群体规范,以赢得群体成员的认可或避免惩罚。

从营销角度来看,参考群体可以分为两类:相关参考群体和不相关参考群体。相关参考群体是人们希望加入的群体,尽管他们可能因收入、职业、教育受阻不能加入。相反,不相关参考群体是那些人们不想归属的参考群体。同一参考群体可能对一些人具有相关性,而对另外一些群体不具有相关性。

Venkatesan(1966)、James 和 Stafford(1965)① 研究了群体影响消费者购买行为的本质,发现在没有任何客观标准的情况下,消费者倾向于遵循群体规范。在 James 和 Stafford(1965)的研究中,非正式群体对其成员的从众行为有明显的影响。在存在足够数量的群体压力的情况下,有可能影响个人相信其所感知到的东西。在缺乏被认可权威的客观标准的情况下,个体会向他人寻求判断和评价,向谁求助要视具体情况而定,一般为密切接触的相关群体。

---

① M. Venkatesan. Experimental study of consumer behavior conformity and independence [J]. Journal of Marketing Research, 1966, 3 (4): 384-387; James E., Stafford. A sociometric analysis of group influences on consumer brand preferences (Unpublished) [D]. Ph. D. Dissertation, Department of Marketing, University of Texas, 1965.

四、家庭

家庭是影响消费者购买行为主要的相关群体因素之一，家庭影响消费者购买习惯。个体消费者在一个家庭中成长发展，这个家庭称为定向家庭。一旦消费者组成自己的家庭，这个家庭称为生育家庭。家庭往往是实施购买并消费的一个具体的单位，如住房、许多耐用消费品，在国外也包括医疗保险等，消费者经常按照家庭需要进行购买。组成家庭的成员经常有父母、夫妻和子女，这是传统家庭或核心家庭。子女结婚成立新的家庭，逐渐发展变成传统的核心家庭。家庭购买决策是由家庭成员单个或共同做出的，其中性别角色对家庭决策有重要影响。

在夫妻平等的家庭，购买决策是夫妻共同做出的，称为"同心决策"；夫妻任何一方凭借个体的能力或影响力做出的决策称为"自治决策"。除了夫妻影响家庭购买决策，子女在家庭购买决策中也起着重要的作用。当子女在为家庭需要购买时，往往受到父母的影响。总之，家庭决策由家庭成员做出，家庭成员在决策过程中扮演不同角色，而这种角色在家庭内部的优势并不显著，家庭成员的性别及其相应的地位对家庭角色定位具有显著影响。

第四章　企业与消费者联结关系研究

本章主要探讨消费者黏性问题，消费者黏性理论可以为群体消费绿色转型和可持续发展研究提供依据，因此，消费者黏性理论是研究群体消费绿色转型问题的理论基础之一，解析企业与消费者群体联结的实质是洞察企业绿色营销诱导群体消费绿色转型和社会营销改变群体目标受众消费行为的内在逻辑和主要路径之一。这是因为只有确定消费者黏性的存在，才能深入研究个体或群体消费者如何在企业绿色营销诱导下，形成并固化绿色消费。本章通过研究消费者黏性变化的阶段性规律，进一步探索群体消费绿色创新扩散过程不同阶段的特点和条件，促进群体消费绿色转型，形成群体消费者、企业、社会三位一体绿色互动营销创新模式（见本书第七章）。

首先，本章通过相关的国外文献溯源，分析了消费者黏性一些初始构念，以及与消费者黏性相关的关系营销理论发展脉络。其次，利用雅虎网站典型案例，分析和说明了消费者网络黏性的变化过程及其与企业营销之间的关系，并揭示了消费者黏性的变化过程：①初始关系阶段；②双方持续关系阶段；③个性化产品体验阶段；④感知效用价值阶段；⑤情绪和自我激励阶段，并提供每个阶段的企业策略建议。最后，提出了消费者黏性的测量方法，为研究营销组合、消费者转换成本（Switching Cost）和品牌隐形合约对消费者黏性的影响提供了必要的理论方法。

第一节 营销学对消费者黏性概念界定

黏性有多种定义和解释。一种解释是太过浓稠而不能自由流动，经常指某种液体。此类黏性英文用"Viscosity"表示。在社会经济领域，尤其是在市场经营中，企业通过新产品研究开发和品牌促销等与目标消费者建立密切联系，以此降低消费者对购买其他产品的选择，即是消费者黏性。这里我们用消费者联结（Consumer Bonding）来表达这种消费者黏性，意思是企业与消费者之间存在长期有效的联结关系，从而放弃对其他无联系和联结关系的产品或服务的选择。黏性的另一种解释来自于计算机互联网领域，即某个门户网站由于组织良好，引人关注，人们乐于访问，长时间不愿离去，说明网站用户的黏着度高，富有吸引力。这里的消费者黏性可以用黏度（Stickiness）或黏性（Sticky）表示。

从第一种解释出发，存在黏性说明很难改变两者或两种事物之间长期共存的关系，或者在短期内改变这种关系需要克服很大的障碍。从第二种解释出发，存在黏性说明一方对另一方的提供物，如产品或服务甚至分销渠道和营销传播存在生理上或心理上的依赖，因为这种依赖性的存在，消费者总是选择与企业营销相关的产品和服务进行购买、使用。例如，雅虎门户网站在设计中免费提供 Hotmail 服务，后来发现许多用户因为经常使用 Hotmail 服务而对雅虎网站产生服务依赖，这一现象被称为"雅虎用户黏性"。

消费者黏性或用户黏性是关系营销研究的一个新领域，不同于产品涉入度或消费者忠诚度，消费者黏性受到的关注较少，但在注意力经济和大数据经济并驾齐驱的新时代，如何吸引并留住客户以及获取客户生命周期价值，需要对消费者黏性进行深入研究。

以下文献综述梳理了消费者黏性理论的研究脉络，分析了消费者黏性初期理论与后续阶段变化，构建了消费者黏性的理论研究方法，从消费者黏性角度展示了关系营销研究的趋向，并为后续研究群体消费绿色转型可持续性提供相应的理论，为企业绿色营销创新、促进群体消费绿色转型提供阶段性策略。

第二节 营销学对消费者黏性行为的影响因素分析

考察消费者和企业之间的关系可以采用多种角度，消费者对企业可控的营销组合的反应是其中之一。企业营销的主要目标是采用某种营销组合，最大限度地满足消费者对产品和服务的需求和愿望。营销者往往千方百计地创造一种令人满意的营销组合，并借此与消费者建立关系，因此，研究消费者黏性问题应该从营销组合理论入手。

Koschnick（1995）认为营销组合是企业可控的营销变量的独特组合，尤其是其产品政策、分销渠道组合、营销传播组合和定价，这些营销组合元素称为营销决策变量。Borden（1964）认为营销经理是营销组合的混合体，营销经理能够创造性地提出并参与营销程序和各种政策组合制定和实施。McCarthy将市场营销组合一般化为4Ps：产品（Product）、价格（Price）、促销（Promotion）、渠道（Place）。Frey认为所有营销决策变量可分为两类因素：①产品和服务因素（Offerings），包括产品、包装、品牌、价格和服务；②方法和工具因素（Tools），包括分销渠道、人员销售、广告、促销和宣传。Laser和Kelley将工具因素分解为促销组合因素和分销组合因素，提出了营销组合的三因素分类方法：①产品和服务组合因素；②分销组合因素；③营销传播因素。[①] Koschnick（1995）认为一家经营公司通过控制营销组合变量，可以影响客户的反应水平。根据上述文献研究，我们可以做出这样的理论判断：基于消费者对三因素分类的营销组合做出的积极反应并衍生出不同的营销关系，将消费者对于营销组合的黏性归结为产品和服务黏性、分销组合黏性和营销传播黏性。

许多营销理论和实践在早期只关注买方和卖方之间的交换关系，其中包括买卖双方交换关系的先决条件和流程。在生产者市场，买卖双方的关系非常复杂，许多关系超出了用户对营销组合的反应，往往被视为经济交易关系。

一般认为，在简单的消费市场中，双方之间只是简单的买卖关系。但是，Dwyer等（1987）认为对于买方和卖方来说，这种关系比简单的离散事件更为复杂，买卖双方持续的关系有许多不同的形式，他们进而研究了这种关系，并提出一个包含前因变量和交易过程中买卖关系的研究框架。根据上述文献研究结果可以看出，在未进行企业营销之前，甚至仅仅是消费者内在的需求和欲望作用下，就产生了消费者初始黏性。

Dwyer等（1987）认为企业对用户营销和对消费者营销两者受益于关注各种可导致重复业务的关系纽带的培育条件，并概述了管理买卖双方关系的三个关键方面，即绩效计量、冲突管理和设置退出壁垒。他们认为对高转换成本的预期，使买方产生了保持高质量关系的兴趣。因此，需要考虑来自转换成本的消费者黏性。

---

① McCarthy、Frey、Laser和Kelley有关营销组合的论述均来自Koschnick（1995）主编的 *Dictionary of Marketing* 中的"Marketing Mix"词条。有关讨论中的作者涉及其发表作品和年份在词典中没有说明，因此，本书中未加注年份。

Jackson（1985）专门研究了营销关系中转换成本的问题，认为转换成本更多是与产品的技术和产品使用特性有关，例如计算机和通信系统需要持续的服务和技术升级。Sheth 和 Parvatiyar（1995）认为关系营销的基本宗旨是减少选择。减少选择是消费者对光顾所选定的产品、服务和营销者所做的承诺，而不是经由市场选择的结果。从消费者的角度来看，减少选择是他们黏性行为的关键特征，消费者有意减少选择的行为可以视为理性行为。根据文献陈述，我们可以得到以下判断：因为顾客意识到转换成本很高而减少了对其他营销组合的选择，愿意保持与现有营销者长期和持续的关系，这说明有效地提高顾客的转换成本可以提高顾客黏性，转换成本越高，顾客黏性越强。这种黏性是营销关系中的一种"黏稠性"。

Jacoby 和 Kiner（1973）认为品牌忠诚度本质上是关系现象，也有学者认为类似的还有商店忠诚度、过程忠诚度和其他形式的承诺行为（Commitment）。Caruana（2002）认为忠实的客户热衷于重复购买，这是所有业务的基石。依据上述文献研究结果，可以提出第三个判断性结论，即消费者减少其他产品选择的承诺是专注于营销者品牌和产品质量忠诚，消费者减少其他分销渠道选择的承诺可以被视为是专注于营销者商店、网站和其他分销组合的忠诚，消费者减少其他营销传播选择的承诺是对营销者传播组合的忠诚。它与品牌忠诚度、商店或网站忠诚度以及流程或沟通忠诚度相同。消费者承诺行为是企业营销尤其是品牌营销和服务体验的结果。

Susan（1998）通过案例分析得出以下结论：①品牌可以而且确实能够成为可行的"伙伴"关系；②消费者品牌关系在生活体验层面是有效的；③消费者—品牌关系可以通过多种方式，使用丰富的概念词汇来确定，这既具有理论意义，在实践上也很有用。他认为无论人们对数据采用行为心理学解释还是社

---

① Jackson B. B. Winning and keeping industrial customers: The dynamics of customer relationships [D]. Lexington, MA: D. C. Heath and Company, 1985.

会心理学解释，得出的结论是相同的，即品牌关系在消费者生活体验层面上是有效的，品牌包含了功能性和功利性含义，使人们产生心理和情感依赖。这些都是以目的和以自我为中心的，对于参与者意义重大。Sabatelli 和 Pearce（1986）认为品牌依附不同的规则，构成隐形的关系合约（The Implicit Relationship Contract）。消费者—品牌关系是公认的营销关系，由品牌规则构成的潜在合约使消费者对品牌产生黏性，消费者品牌黏性具有深刻的社会经济意义，品牌隐形合约形成的消费者忠诚和消费者体验所增加的消费者黏性就是企业营销组合优化产生的综合效应。

消费者对营销组合的情感依赖胜于物质依赖，长期依赖胜于短期偏好。消费者对其他企业营销组合的承诺选择越少，则对现有企业营销组合的黏性水平越高。Sheth 和 Parvatiyar（1995）认为营销人员越是与消费者建立直接的关系，则从消费者处得到的反应和承诺就越多，这是因为中间商没有像制造商或服务运行商那样具有顾客情感纽带。未来由营销人员主导的关系营销方法会变得更加普遍，这是因为技术进步能够使营销人员与客户建立牢固的关系。大多数营销人员都明白留存老客户在经济上比不断寻找新客户更有利。

根据上述文献综述可知，一般制造商或服务运行商能够通过情感纽带与消费者建立直接关系，并设法留存现有客户，提高客户黏度，这是企业的一种长期性商业战略。

Sheth 和 Parvatiyar（1995）认为，营销人员同样有可能努力将消费者黏性关系制度化，如创建公司联结，代替销售人员单独与消费者建立的情感纽带。公司业务人员包括销售人员都可以直接与消费者互动并建立心理纽带。因此，关系营销理论需要从社会经济角度进行广泛考察。如果是公司联结或者其他外部因素导致的消费者物质或情感依赖增强，可以理解为制度或情景因素对消费者黏性起作用，这种作用是一种调节机制。

群体消费绿色转型与企业社会营销创新研究

第三节 衡量消费者黏性的变化

通过文献研究,我们了解到消费者黏性是消费者与营销者之间建立起来的一种比较牢固和长远的关系,这种黏性关系是消费者依附于某种营销组合因素而形成的联系,如产品与服务因素、分销渠道因素和营销传播工具因素。鉴于此,消费者黏性可以理解为消费者对企业营销组合的黏性。当考虑消费者转换成本和品牌隐形合约以及其他情景因素时,这种关系会变得很复杂。

与消费者黏性相对的是消费者疏远或消费者异化(Consumer Alienation)。本书借鉴国外消费者疏远测量的成熟量表,该量表是美国市场营销协会于1990正式对外公布的《营销调研量表手册》的"消费者疏远"测量量表。在使用时要将消费者疏远测量的问项做反向处理,即测量疏远的量表问项得分高,则表示消费者黏性测量得分低,反之则反。其具体量表及问项介绍如下:

量表名称:消费者疏远是对消费者异化构念的描述,即顾客离开原有企业,转向购买其他企业的产品和服务。量表描述:一个有七个问项并采用李克特六点量表。该量表的心理构念:用来测量消费者对企业的负面看法和对企业的疏远程度。量表起源于 Singh(1990)的研究。Singh 借鉴了 Allison(1978)开发的量表,后者开发了一种包含 35 个项目的消费者疏远感测量方法。量表的样本范围:Singh(1988,1990)从四个样本中收集数据,使用了四种稍有不同的调查工具,在提到不满意的体验上各不相同。Singh(1990)报告了汽车修理版的量表的Cronbach's α系数(信度)为0.8或80%,属于高信度。Singh(1990)发现有四种反应风格不同的消费者:被动的消费者(Passives)、发声者(Voices)、愤怒者(Irate)、积极分子(Activities)。该量表的具体测量问项包括:①多数公司根本不关心消费者;②消费者认为购买公司产品和服务的经历不愉快;③消费者通常无法确定卖家将销售什么产品;④一般来说,公司与消费者打交道时不完全诚实;⑤公司不支持他们所做的产品保证;⑥一旦销售成功,大多数企业会忘记买家。该量表的开发者实际测试量表的信度大于70%,即高信度。当量表的效度超过50%时,量表就是适合采用的。

由于分项测试消费者黏性涉及营销组合三要素、品牌隐形合约和消费者转换成本,故对于这三个构念需要根据实际情况进行操作性定义和确定测试问项。首先,对于营销组合可行的假设:企业营销组合中的产品服务、销售渠道和营销传播对消费者选择留在企业市场长期购买和使用产品有显著影响。测量的问项:①我经常购买企业的产品和服务;②我觉得购买企业的产品很方便,线上线下都容易买到产品;③我喜欢购买企业的产品是因为企业经常联系、提供优惠券和赠品。其次,对于消费者转换成本可行的假设:消费者转换成本上升对消费者黏性有显著影响。测量的问项:①任何时候我都会选择留在企业提供的产品市场去购买或享受升级服务;②我觉得用其他产品不方便;③如果我放弃使用企业的产品,我会失去许多积分或今后的优惠服务。最后,对于品牌隐形合约和企业情感纽带可行的假设:消费者越是对企业或企业品牌做出购买承诺,品牌隐形合约和企业情感纽带对消费者黏性的影响越显著。测量的问

---

① 间接引自:Gordon C. Bruner, Paul J. Hensel. Marketing scales handbook: A compilation of multi-item measures, Volume Ⅱ [M]. Chicago: American Marketing Association, 1992: 14-16. 原文献:Singh J. A typology of consumer dissatisfaction response styles [J]. Journal of Retailing, 1990, 66 (1): 57-97; Neil K. Allison. A psychometric development of a test for consumer alienation from the marketplace [J]. Journal of Marketing Research, 1978, 15 (4): 565-575; Singh, J. Consumer complaint intentions and behaviors: Definitional and taxonomical issues [J]. Journal of Marketing, 1988, 52 (1): 93-107.

项：①我喜欢这家企业；②我因拥有这家企业的产品而感到自豪；③即使企业的产品和服务涨价我也不在乎。上述问项测试的量表刻度依然可以按照李克特六点量表刻度确定为：强烈不同意、适度不同意、略不同意、略同意、适度同意、强烈同意。可以通过确定合适的抽样样本调查获得统计数据，之后通过信度和效度以及总分相关系数分析，以鉴别量表测试性能和适用条件。

第四节 消费者黏性的变化过程及营销策略分析

消费者黏性的认知起始于用户黏性，用户黏性是指对营销者提供的营销组合要素如产品或服务要素、分销渠道要素和营销传播要素存在某种习惯、生活方式、生理或心理依赖。最早人们在计算机网站设计并提供服务过程中发现这一现象，并称之为用户黏性。接着我们通过案例溯源，详细分析这一现象和现象背后的原理。

1999 年，网络新闻杂志 *Wired News* 上登载了一篇报道——*Yahoo: Getting Sticky With It*，具体如下：

雅虎创始人之一，首席执行官杨致远回忆说，雅虎过去只是一个基于目录的搜索引擎，用户只收到输出，因此，网站"不黏"。但他看到了网络的未来，这一切都是关于黏性的。到 1996 年年中，雅虎开始在自己的门户网上嵌入可搜索的内容，如地图和股票报价；紧接着开始为个人用户量身定做内容。杨致远说："幸运的是，我们很早就学会了如何利用网站为用户制作个性化内容。"公司收购了 Hotmail 系统，向用户提供电子邮件服务。这是如何将"我的雅虎"内容个性化的关键，因为它给了我们一个平台来满足用户对个人社区的追求。电子商务在 1998 年起飞，杨致远预测："这绝对会改变人们使用网络的方式。

它使用户能够查找和完成事务,这一点非常重要。"据杨致远说,隐私问题也是至关重要的。随着用户授权的增加,文化和国家赋权问题将发挥作用,并且必然会发生冲突,尤其是隐私问题。

我们对该报道进行分析梳理,发现早期互联网用户黏性的特征与变化路径,如表4-1所示。

表4-1　用户黏性的特征与营销要素

黏性的实际表现	相关的营销要素	雅虎网站的黏性特征描述
用户持续点击网站	传播组合	用户对网站产生黏性
搜索引擎目录	传播组合	用户只接受结果,网站"不黏",用户疏远
嵌入可搜索的内容,如地图、股市行情	产品服务组合 传播组合	为用户定制个性化内容,强化宣传"我的雅虎"
提供雅虎邮箱	产品服务组合 传播组合	向用户提供免费邮箱
网络社区	工具组合 传播组合	鼓励个人加入网络社区

资料来源:根据 Pual Beddoe(1999)在 *Wired News* 上发表的 *Yahoo: Getting Sticky With It* 的观察报道原文制作。

在表4-1中,有五种关于雅虎生态系统的用户黏性类型:第一种类型是保持网站点击率。用户在无意识点击网站的过程中产生持续关系,称为用户网站黏性,这是一种用户与营销传播工具之间的黏性。第二种类型是基于目录搜索引擎。用户能得到搜索结果,但网站只作为用户的工具,双方不能保持持续关系,因为用户只得到输出结果,网站"不黏",也即消费者的选择呈现离散状态,或称消费者疏远。这说明为使用户持续参与,还需要网站提供更多的产品、方法和体验。门户网站不仅需要提供搜索引擎,也需要提供其他服务如地图、享受旅游和股票报价，上述内容可以视为网站向用户提供一系列增值服务。于是出现了第三种黏性类型：获得产品体验和感知效用方面的用户黏性。为了吸引用户雅虎网站定制内容给个人用户，以"我的雅虎"设计网站个性化内容。具体包括：地图、股票报价及其他嵌入搜索引擎的内容。这些新奇的内容给用户带来特殊的价值和体验，吸引用户点击雅虎门户网站，有利于用户保持与网站之间的联系，用户产品体验越多，感知产品服务的效用价值就越高。用户对效用价值感知越来越强烈，最终使其产生情绪和处于自我激励状态。由此，用户黏性到达一个新的高度。在雅虎生态系统中，用户黏性的第四种类型是使用雅虎免费邮箱。在 20 世纪 90 年代中期，人们开始使用互联网进行文本通信（Text Message）联系，这在互联网发展过程中称为 Web1.0 时期，此时人们对电子邮箱非常渴求。雅虎为了吸引用户使用网站，免费为用户提供了一个邮箱，即 Hotmail。获得雅虎邮箱的用户为每天使用邮箱进行互联网联系，从而对雅虎网站产生依赖，形成对包括雅虎邮箱在内的网络产品及服务的"黏性"，其中真正的原因是用户使用免费邮箱能获得更多的附加价值。雅虎生态系统中用户黏性的第五种类型是：网络社区。雅虎在向用户提供免费邮箱之后，又以互联网创新者的行事方式，运用各种传播组合和工具组合，打造雅虎用户的"网络社区"，增加用户使用网站的黏性。网络社区开始是从 Hotmail 个人通讯联系名单中发展起来的，这些联系名单被网站掌控，网站利用拥有的用户信息包括电子邮件通讯名单来群发信息和营建"网络社区"，这是最早的"社交媒介"形式。以后，随着网络技术发展，互联网上可以通过一些门户网站如"博客"或"微博"等进行实时交流，网络社区逐渐成为"社交媒体"。在互联网发展过程中，这个阶段处于 Web2.0 时期，因此，雅虎生态系统第五阶段用户黏性也可以称为 Web2.0 时期的用户黏性。

依据上述分析，建立在营销组合因素之上的消费者黏性的阶段性变化过程分为：①初始关系阶段；②持续关系阶段；③个性化产品体验阶段；④感知效用价值阶段；⑤情绪和自我激励阶段。在消费者黏性演变过程中，黏性水平将不断上升。在 Pual Beddoe（1999）的观察过程中，尚有提供免费邮件信箱和搭建平台、建立用户社群，对消费者进行营销组合综合创新和增加用户对雅虎网站的黏性，这可以视为对第③和第④阶段的进一步强化。目的是培养具有长期黏性的用户群，增强现有用户使用雅虎网站方面的情绪和自我激励水平，其实质性结果是用户黏性得到不断提高。

一、初始关系阶段

大多数研究和太多的营销策略将买卖双方交易视为离散事件，而不是作为持续的关系，但 Dwyer 等（1987）不这么认为。为此，他们提出了研究买卖双方关系的研究框架，包括买卖双方交换关系的前因条件和交易过程，认为买方、卖方关系可以采取许多不同的形式。

从营销者角度解释，前因条件相对简单，即企业通过技术创新提供新产品，或者通过经营创新提供具有特色和个性化的品牌产品以满足消费者的各种需要或欲望。进一步来说，买卖双方关系的前因是企业的营销组合或营销战略。Sheth 和 Parvatiyar（1995）认为在设计和开发新产品阶段，为提高消费者涉入度的关系营销战略与那些既能提供有价值的信息又能对公司产品做出承诺的消费者建立一种回报关系。从消费者的角度出发，买卖双方关系的前因条件主要包括消费者的需求和欲望、产品涉入度和消费者个性心理和个人的生活方式以及其他社会文化因素等。

通过梳理国外文献，我们认为产生客户黏性的前因是客户能够在交易中获得的最佳利益。根据对国外研究文献的整理，本书将有可能影响和决定买卖双方初始关系的各种前因条件及其影响归纳为客户黏性的前因：在交易中获得最佳利益（见表4-2）。

表 4-2 客户黏性的前因：在交易中获得最佳利益

公司视角：营销策略	用户视角：最佳利益	对客户黏性的影响
产品分类（长尾规则）	具有范围经济性，为客户提供全面解决方案	具有积极影响
由其他消费者支付（第三方支付）	通常在互联网环境下免费试用服务	具有强烈的积极影响
溢价	获得低价条件	具有积极影响
具有独特价值（利基市场）	稀缺性、产品创新、获得资源的某种特权	具有积极影响，有特殊吸引力
价值共创	用户积极参与价值形成	具有积极影响、长期影响，适合 B2C 业务
共同选择顾客能力	用户积极介入，形成买卖双方核心竞争能力	具有积极影响、长期影响，适合 B2B 业务

资料来源：依据 Doligalaki（2010）、Prahalad 和 Ramaswamy（2000）、Sheth 和 Parvatiyar（1995）制作。

买方和卖方一旦发生交换关系，初始关系在消费者黏性演变过程中就会继续发生作用。Dwyer 等（1987）认为，客户留存是指通过将单次交易关系转变为长期客户关系，使交易符合客户的最佳利益，让客户留在公司而不是转移到另一家公司。因为获得新客户比留住现有客户要付出更大的代价，所以越来越多的公司关注客户留存。

Doligalaki（2010）认为，在线环境中存在许多免费提供给客户使用的产品及信息服务，对客户而言是一些非常有价值的产品或具有互联网通信服务能力的公司提供的免费服务。如免费提供报纸出版内容或免费提供链接，或免费提供电子邮件或即时讯息服务。这些产品和服务虽然不是传统意义上吸引顾客的产品或服务所具有的交换利益，如低价、高质量、名牌等，但它们使顾客获得更多利益，如公司提供的完整的客户解决方案，公司提供独一无二的价值或客户定制价值，因此，客户将愿意留在公司的市场中，并将对上述公司的产品和服务产生可持续的黏性，这在可持续关系阶段很重要。在本案例中，进入关系维持阶段客户对雅虎提供的 Hotmail 最感兴趣，它比免费报纸的价值更大。Doligalaki 区分和描述了不同的效率策略，即免费价值、完整的客户解决方案，独特的价值和价值共创。与传统的客户交换利益如低价格、高质量、知名品牌或价廉物美的产品相比，如果客户得到更多利益，客户将更愿意留在公司，而不是转到另一家公司。因此，我们认为留存客户是维持与客户的初始关系的前提，它是依赖于公司不断提高营销组合对客户产生的黏性来维持或实现的；否则，就会产生消费者疏远。在初始关系阶段，企业的客户关系管理重点是吸引并获取消费者市场份额，通过让利优惠使其产品和服务进入消费者的购物车。

二、双方持续关系

在第一个阶段，无论是基于产品或服务，还是基于营销传播工具，维持消费者和营销者之间的关系取决于消费者能够感知到由营销者提供的最佳交换利益，即这种利益通常由营销者提供，从而被消费者得到，如购买成本减少。Dwyer 等（1987）、Doligalaki（2010）、Williamson（1975）等通过交易成本经济学，考察了买卖双方之间的这种持续关系。在消费者黏性变化的其他阶段，经销商和受益者如何维持与客户的关系很重要。Dwyer 等（1987）认为对于企业营销而言，可以关注关系纽带培养，从可靠的重复业务中受益。他们概述了管理买方—卖方关系的三个关键方面：绩效计量、冲突管理和设置退出壁垒。他们认为高转换成本预期使买方对保持高质量的关系深感兴趣。Prahalad 和 Ramaswamy（2000）认为因为客户参与程度不能预先确定，公司将不得不给消费者尽可能多地提供选择，包括分销渠道，如在线和离线商店、移动通信途径，又如在线客户社区，可以相当紧密地编织在一起，像网络聊天室那样易于启动、加入和参与。Sheth 和 Parvatiyar（1995）认为将来营销者发起的关系营销方法将变得更加普遍，技术进步使营销者参与到买卖关系建立的过程中，并最终保持消费者黏度变化过程中的高质量关系，以便公司从战略视角、系统方法持续配置经营资源。他们还认为，在营销战略的支配下，公司将更多的营销经费用于留存顾客，这样做会使营销活动更有效率。

在持续关系阶段，企业应该设法留住客户，尤其是有潜力的价值客户。此时，可以挑选部分客户进行客户生命周期价值评估，根据评估结果优化营销资源配置，获取利润最大化和收益长期化；也可以尝试与客户进行内容共创和建立利益共享的分享经济商业模式，使客户关系长期化。

三、个性化产品体验

消费者购买和使用产品影响买卖关系的可持续性和黏度。在购买或是使用产品阶段，消费者感知产品价值才能对黏性产生最大影响。产品价值包括功能价值和象征性价值。Koschnick（1995）认为产品是营销组合要素之一，产品与服务的组成部分包括质量、功能、选项、款式、品牌名称、包装、规格、服务等。因此，产品价值体验包括顾客感知产品的有用性和易用性，顾客感知产品包装、品牌象征的心理价值，顾客对服务的满意度。在消费者黏性演变过程中，产品价值体验对黏度变化的影响具有复杂性。

消费者对包装和品牌的象征性、功能性的心理价值的认知，需要讨论品牌忠诚度和品牌强度。品牌吸引顾客的内在特征称为品牌个性。Ambler（1992）采用顾客导向这样定义品牌个性，认为其是一组特征，借此承诺让产品购买者满意。这些特征构成的品牌或真实或虚幻，或理性或情感，或有形或无形（Wood，2000）。顾客忠诚度并非一定来自于品牌内在的特征，而在于消费者对品牌产品的体验获得的价值感知。从这个角度来看，顾客忠诚度并非习惯上我们理解的消费者对品牌的忠诚度，而是消费者将产品黏性与品牌认知联系在一起。黏性越强，品牌价值认知度越高，品牌忠诚度也越高。

在个性化产品体验阶段，企业应该实施客户关系精准化管理，为价值客户定制服务与产品，通过整合营销传播和促销，加强与客户的情感联系，促进客户的价值体验，并做出品牌承诺。

四、感知效用价值

效用是消费者使用具有某种品牌的产品得到的体验价值或认知价值，一般具有主观性。从营销的角度来看，效用是顾客从购买的产品中获得满意。因此，对所拥有产品的感知效用价值实际上是一种特殊的客户满意度。我们可以假设，对客户的效用感知价值越高，顾客满意度也越高，即产品最终满足了客户需求。客户忠诚度与黏性或黏度之间存在细微差别，但是它们的性质和变化趋势都高度一致。客户对效用价值的感知将增强黏性，换句话说，客户对效用的感知程度越高，黏度水平也越高。在消费者黏性变化过程中，这种黏性水平高于初始买卖关系和买卖双方维持关系阶段的黏性水平或黏度。企业要在这个阶段继续为客户利益着想，千方百计地满足客户的价值需要。

五、情绪和自我激励

通过前四个阶段的消费者黏性变化过程，大多数顾客对产品、服务及各种分销渠道和营销传播工具有了一定的黏性，但对企业的信任和承诺取决于顾客的情绪和自我激励水平，顾客黏性重要的是客户的态度最终如何改变。消费者的内在情感和自我激励作用，如对营销组合的高度信任和承诺，意味着顾客黏性达到了最高水平。这个阶段企业客户关系管理的重点是培养高黏性客户。企业应该不断强化品牌隐形合约与企业情感纽带对顾客的长期影响和作用，既要不断获取客户承诺，也要诚信对待价值客户。

总之，黏性或黏稠性常被用来研究自然科学中物质之间的黏稠现象或人际间各种依附或依赖关系。但近年来一些学者利用它来研究如何提高网站的吸引力和点击率问题。通过对网站黏性以及相关的前因条件和影响结果的分析，为网络广告经营商决策提供了有价值的信息或建议。多数学者较少关注或考察广泛存在的消费者对产品、服务、营销渠道和传播工具等方面的黏性。

本章详细研究了消费者对营销组合等多种黏性及其变化，以及消费者黏性演变过程中的前因条件和结果影响。消费者黏性理论研究可以为深入研究个体与群体消费绿色转型过程中企业、社会与消费者之间的联结关系，为深入研究群体消费绿色创新扩散过程中群体消费者、企业、社会三位一体绿色互动营销创新模式提供理论方法。

第五章　群体非诱导性消费绿色转型及影响因素分析

群体是两个或两个以上具有共同目标的互动个体组成的单元。群体行为具有某种目的性，高度一致的群体目标形成群体共识，群体共识受到群体规范、价值观和道德标准约束，群体价值观支配群体行为。群体价值观与个体价值观存在区别，个体价值观具有利己主义倾向，而群体价值观是一种社会元价值观。群体价值观与个体价值观并非不可调和，两者具有密切联系和相互关系。

群体非诱导性消费绿色转型是社会元价值观在群体消费方面的作用结果。群体非诱导性消费绿色转型是亲社会行为。群体非诱导性消费绿色转型是群体自发地转变消费意识和消费行为，以适应自然环境变化和社会经济可持续发展的需要。群体非诱导性绿色消费行为在现实中存在多种形式。

第一节　个体利己主义倾向与社会元价值观

个体具有两种偏好：自私自利偏好和元偏好。元偏好的相对重要性和性质可能因个人和个人所属的社会不同而不同。个体的自私自利偏好表现为个体利己主义行为倾向,个体利己主义行为倾向有时也表现为功利主义,即个体追求自身利益或功利性结果。

古典功利主义是一种道德哲学,如杰里米·边沁(Jeremy Bentham)在18世纪提出了功利主义学说,他试图在个人追求自身幸福和为整个社会创造利益两者之间建立起和谐关系,这种和谐关系就是"最大幸福"原理,又称"功利原理"。所谓最大幸福是指个人幸福的全部总和达到其可能实现的最大值状态。① 约翰·斯图亚特·穆勒(John Stuart Mill)进一步认为,为大多数人谋求最大幸福的功利主义,是一种社会功利性或群体功利性。功利主义是一种有利于大多数人的善的行为和政治信仰,经常被人们视为道德中的"大善",因而具有社会元价值。康德对功利主义倾向提出了批判,提出了元价值观。但是,在康德的哲学思想中,功利主义倾向和社会元价值观都受路径依赖的影响,具有明显的局限性。享乐功利主义②开始于18世纪后期的古典经济学或政治经济学,对西方政治经济学和道德伦理学产生了深远的影响。

古典享乐功利主义一开始作为一种系统化的思想流派崭露头角,这种情况一直持续到20世纪。功利主义是一种物质主义,追求有用性、实用性,即西方经济学中的物质效用。不同于享乐功利主义,结果功利主义在结构和效用的概念方面都存在不同理解,享乐功利主义认为效用是一种包括了从痛苦中解脱的快乐,而结果功利主义是偏好的数值表示,这种偏好通过原则上看得见、持续的选择行为显示出来。阿马蒂亚·森认为结果功利主义有两种表达:其一,总效用是个体效用之和;其二,福利主义,蕴含着"帕累托效应",即认为在

---

① 菲利普·鲍尔. 预知社会——群体行为的内在法则 [M]. 暴永宁译. 北京:当代中国出版社,2010:19-20.

② 杰里米·边沁(Jeremy Bentham)、詹姆斯·穆勒(James Mill)、大卫·李嘉图(David Ricardo)和约翰·斯图亚特·穆勒(John Stuart Mill)一起组成了享乐功利主义创世学派,很长一段时间里享乐功利主义在经济领域占据统治地位。参见:史蒂文·N. 杜尔劳夫,劳伦斯·E. 布卢姆. 新帕尔格雷夫经济学大辞典(第二版·第八卷)[M]. 北京:经济科学出版社,2016:505.

一种结果中,当且仅当有人获得比其他结果中的更多效用而其他人的效用也不会因此变得更差时,那么这个结果将优于其他结果。① 不同形式的功利主义在结果主义的结构和效用的概念方面存在不同理解。享乐功利主义认为效用是一种包括从痛苦中解脱出来的快乐,不同于享乐功利主义,理性选择功利主义认为效用是偏好的数值表示,这种偏好通过原则上看得见、持续的选择行为显示出来。②

但是,杰里米·边沁的享乐功利主义并非常人理解的个人享乐。杰里米·边沁承认,他的享乐功利主义思想大多来源于克洛德和大卫·休谟的著作。大卫·休谟认为人类的情感具有谨慎、善良或仅仅获得社会或群体认同的特征。可以肯定的是,这些思想家都认为正义感的道德情操并不来自于个体对普遍效用的理解。尽管他们的论述存在分歧,但似乎都认同这样一种说法,即一个天

---

① 史蒂文·N. 杜尔劳夫,劳伦斯·E. 布卢姆. 新帕尔格雷夫经济学大辞典(第二版·第八卷)[M]. 北京:经济科学出版社,2016:505.
② 结果功利主义是基于效用无差别假设,即确定某种结果,个人获得效用是一样的,而且"假设人口不变并用以确定某种结果的效用"(文献同①,第504页),因此,对于任何可能的结果集 x,典型的功利主义计算与之对应的社会福利 W(x) = $\sum U_i(X)$。阿马蒂亚·森(Sen Amartya)主张结果功利主义理论。这个理论规定最优结果是 x^*,就是使所有效用之和得到最大化结果,也就是 W(x^*) = Max$\sum U_i(X)$。

结果功利主义这种完美的理论是基于忽略许多现实。就像"福利主义和帕累托主义没有考虑效用的不同方面和不同类型的问题。然而,一些效用可能比其他类型的效用更有价值,其中每种类型的效用都与人的能力、资源和机构活动构成的独特组合紧密相连。"(文献同①,505页)

理性选择功利主义与结果功利主义在效用理解方面不同,认为个人得到的某种效用是理性行为选择结果,并且这种结果具有不确定性。

根据海萨尼(Harsanyi, John C.)的理性选择功利主义理论(文献同①,509页):(海萨尼)仅将效用定义为理性选择中任何显性偏好的数值指标,认为效用函数可以被看作基数以及跨个体比较,而不是单纯的序数。他假定在风险和不确定性下,理性选择行为符合标准的预期效用理论。认为个体对风险的态度可以被用来推算个体对于结果的偏好强度。

从上述理论渊源和著名经济学家的思想分歧来看,结果功利主义与理性选择功利主义的主要差别在于对效用的理解、计算与表达。前者认为个人效用无差别,结果取决于个人效用累加是否达到帕累托最优。后者认为效用存在个体差别,当存在风险、不确定等多种因素影响时,个人行为理性选择的功利结果只能用预期效用来表达。

因为预期效用受到个人对风险偏好主观因素和资源、能力等客观因素影响,即个人效用由主观与客观因素的影响决定,对个人效用的计算结果存在不确定性。与结果功利主义理论相比,理性选择功利主义存在局限性,因而,"海萨尼的理论很容易遭受各种严重的反对意见。"(文献同①,509页)

生具有道德感的人会因向他人施以善举而感到快乐，适当地鼓励和训练人们这种与生俱来同情心，就能让快乐变成一种强大的推动力。杰里米·边沁似乎认为人的积极性主要受利己主义推动，且可以通过激励自私者遵守功利主义规范，从而协调好利己主义与公共福利之间的关系。就规范而言，正义感促使个人与他人合作，因为任何一个理性的自私者，假如其会因不服从而被他人施以惩罚，那么选择与他人合作是其最优选。

约翰·斯图尔特·穆勒没有局限于强调开明自利和外部惩罚，而是主张通过道德教育来提高人类对于同胞的本能同情或社会同理性，当牺牲某种程度上的个人喜好来参与符合功利主义法律和习俗以分配相互之间的权利和义务的真诚合作时，个体可以感觉到极大的快乐，这种快乐就是为大多数人谋求的最大幸福。

产生于20世纪80年代末的社群主义是当代西方政治思潮中最有影响的一种个体与群体关系的论说。社群主义以新集体主义作为哲学基础，反对新自由主义把自我和个人当作理解和分析社会政治现象和政治制度的基本变量，用公益政治学代替权利政治学是社群主义的根本主张。

社群主义是在批评新自由主义的过程中发展起来的，与此相一致，社群主义强调国家、家庭和社区的价值，倡导爱国主义。在价值观上，社群主义强调集体权利优先的原则。社群主义强调社群参与者的互动，这些人为共同的目标聚集在一起，并同意那些支配着社群秩序的规则。持这种观点的支持者相信，和谐在某种程度上产生于对社群秩序的认同，且该认同出自于合理的需求，而不是被任意强加的。社群成员接受达成共同目标的责任。这种看法早在20世纪90年代伊兹欧尼及其他美国学者的著作中有所体现。

社群主义认为个人及其自我最终是由他或她所在的社群决定的。主要代表有桑德尔、麦金太尔和沃尔策等。社群主义基于这样一种观点，即个人具有一个内部分裂的自我，涉及他们的自私自利和他们对社区或社会的义务之间的紧张关系。通俗地讲，利己主义倾向是个体内在的生理或心理倾向，是个体对目标利益追求意向,如个体成长和家庭繁衍表现出的个体利己主义倾向,但是不可否认,个体成长和家庭繁衍也与社会进步和社会延续的目标一致,甚至与一国持续繁荣、保持人口稳定的目标一致。可见,个体成长和家庭繁衍功利主义倾向体现了一定的社会价值取向或社会元价值。

低碳简约的生活方式能够为个人带来生活成本的下降和更加健康的生活方式,在某种程度上是个人功利性追求所要达到的目标,同时,它也能为社会更广泛的节能减排、社区垃圾减量和居住环境保护创造有利条件,因而体现了某种社会元价值观。利己主义价值观与社会元价值在社会消费绿色转型中是可以进行调和的。

第二节　群体非诱导性绿色消费行为：性质与分类

群体可以视为社会化的个体集合,个体是将群体规范和群体价值观加以内化的独立主体。群体与个体之间的互动和作用关系前文已有论述。

一、群体规范与价值观

规范和价值观具有密切联系。什么是规范？规范是价值观的标尺,是社会群体用来作为群体成员可以接受或不可以接受的态度和行为标准。规范可以作为群体成员行为准则,规范也是群体成员相互期待的基础。[①] 社会不同部分各种各样的生活方式和习俗惯例,反映出不同群体的规范标准。

群体规范无论是既定的长期传统,还是那些仅仅非正式发展出的行为模式,对群体成员都有重要影响。规范具有什么功能？为什么它们对理解群体行

---

① 布朗.群体过程［M］.胡鑫,庆小飞译.北京：中国轻工业出版社,2007：36.

为如此重要？对个体而言，规范是了解世界的参照框架。毫无疑问，这种规范肯定是真实社会的产物。它们可以被看作具有相关价值的构念体系，为个人提供环境秩序以及实现对个人行为的可预测性。一旦群体发展出清晰界定的目标，不可避免地会鼓励促进目标的行动，反对阻碍行动的规范就会出现。规范可以帮助增强或维持群体认同，涉及特殊的语言形式或文化表达时尤其如此。①个体在群体中的地位对他或她必须在多大程度上遵循原有的规范也有重大影响，通常地位高的成员可以比地位低的下属更大程度地偏离规范。

Cialdini 等（1990）提出了社会规范的两种形式：描述性规范和命令性规范。描述性规范是实际正在发生的大多数人的行为方式；命令性规范是大多数人赞成或反对的行为标准。描述性规范在干预消费绿色转型方面具有较好的效果；描述性规范发挥的影响机制是基于他人影响的社会互动，人们通过寻找周围的信息参考点引导个体行为。人际影响既有积极的一面，也有消极的一面。大多数人的不道德行为会降低跟随者的责任感，如在乱扔垃圾的公共场合，常常会使更多的人乱扔垃圾。命令性规范与道德规范相关，对个体行为影响往往是正面的，或者说命令性规范可以有效克服描述性规范的负面影响。一些研究认为，尽管人们认为保护环境是节能行为最主要的原因，但实际行为却主要受他人影响，所以，道德因素或命令性规范对实际能源消耗所产生的驱动似乎是有限的。命令性规范更多地需要启动集体层面的社会自我，在个体利益与社会利益冲突的情景下，个体决定是否需要遵从命令性规范时会感到较多矛盾，所以命令性规范在现实生活中相对更难执行（王财玉等，2017）。

二、社会元价值观支配下的群体亲社会行为

社会元价值与功利主义是两种趋同的价值倾向，社会元价值观可以理解为利他主义和亲社会行为，但是利他主义和亲社会行为存在区别。我们应该搞清

---

① 布朗. 群体过程 [M]. 胡鑫, 庆小飞译. 北京：中国轻工业出版社, 2007：38.

楚两个关键的概念：利他和亲社会行为。谢利·泰勒、利蒂西亚·安妮·佩普鲁、戴维·西尔斯（2010）指出，"一开始，我们就应该搞清楚两个关键的概念：利他和亲社会行为。利他（Altruism）是指自愿帮助他人的行为，并且在你做出这种行为时并不期望得到任何形式的回报，当然除了你也许想得到做好事的那种感觉（Schroeder，Penner，Dovidio，Pieiavinm，1995）。① 根据这个概念来看，一个行为是否是利他的，取决于助人者的目的。当一个陌生人冒着牺牲自己生命的危险，把一个受害者从火灾中救出来，并无声无息地消失在黑夜中，不留下得到任何回报和被其他人认出来的机会时，他就已经做出了利他行为。亲社会行为（Prosocial Behavior）是一个更宽泛的概念（Batson，1998）②。它包括任何助人行为和那些计划要帮助他人的行为，不管助人者的动机是什么。很多亲社会行为并不是利他的。比如，你为了使你的朋友钦佩你，或者为了给自己的简历加分以便将来找到好的工作，而为一个慈善机构工作，那么这种行为并不是纯粹意义上的利他行为。亲社会行为涉及的范围从最无私的利他行为到完全由自身利益驱动的助人行为。"③ 我们生活在一个每天都会发生亲社会行为的世界中，亲社会行为会受到人们之间关系的影响。不管是由于喜欢、社会责任、个人利益还是移情，相对于不认识的人，许多人一般都会选择帮助认识并关心的人。亲社会行为和反社会行为在群体背景下都能够变得更加可能，关键取决于在此情境下什么规范显著。总之，那些自愿提供时间、服务、金钱去改进我们关心的社会事业的行为是亲社会行为。从以上分析可以看出，利己主义行为与利他行为是对立的，亲社会行为与反社会行为是对立的，而亲社会行为与功利主义行为和利他主义行为存在某种关联性。社会元价值观

---

① Schroeder D. A., Penner L. A., Dovidio J. F., Pieiavinm J. A. The Psychology of Helping and Altruism: Problems and Puzzles [M]. New York: McGraw-Hill, 1995.

② Batson C. D. Altruism and Prosocial Behavior [A]. In D. T. Gilbert, S. T. Fiske, & G. Lindzey (Eds) Handbook of social psychology (Vol. 2, pp. 282-316). Boston: McGraw-Hill, 1998.

③ 谢利·泰勒，利蒂西亚·安妮·佩普鲁，戴维·西尔斯. 社会心理学（第12版）[M]. 崔丽娟，王彦等译. 上海：上海人民出版社，2010：371.

不是绝对的利他主义,也不是个体利己主义,应该理解为亲社会行为倾向,在某种意义上功利主义倾向或者是在20世纪80年代由功利主义演变而成的新集体主义或社群主义。

尽管利己主义是个体理性决策的主要倾向,但是个体开明向善,即本能同情或具有社会同理性即社会价值倾向,以至于在我们的社会中个体功利主义社会选择大量存在。个体利己主义在群体压力(如外部惩罚)或群体规范约束下表现出一定的亲社会性,但这种亲社会性范围受制于个体利己主义行为目标和社会价值认同。当亲社会性达到更高水平的社会价值取向时,这种群体意识或倾向呈现利他主义特性。违背社会价值取向的群体行为或弱化社会价值取向的个体利己主义表现为反社会行为,群体反社会行为包括社会歧视、社会懈怠及"群体盲思"[①] 等。群体行为似乎常常在心智上有特定的行为目标,而且他们的行动也常常由对群体的认可所驱动。一个群体几乎不会在孤立状态下存在,它与其他群体存在社会互动关系。这些观点对理解群体自身发生的事是必不可少的。

三、群体绿色消费行为:性质与分类

(一) 群体绿色消费行为的性质

绿色产品消费属于亲社会行为。[②] 从一般消费行为或者说传统的非绿色产品消费行为自愿转变为购买和使用环境友好的绿色产品消费行为是亲社会的消费绿色转型。无论出于自身利益驱动的环保行为,如通过碳交易获得排放权,有序排放废气、废水;或是出于社会公共利益,自费并自觉限制污染或废弃物排放的积极绿色生产及消费行为,都是亲社会经济行为。社会消费绿色转型从

---

① 布朗. 群体过程 [M]. 胡鑫,庆小飞译. 北京:中国轻工业出版社,2007:序言.
② 王财玉,雷雳,吴波. 时间参照对绿色创新消费"不作为惰性"的影响 [J]. 心理科学进展,2017,25 (1):1-11. 原文为"由于绿色产品消费属于亲社会行为,社会认知心理必然在其中起到巨大作用"。

性质上讲是具有公益性、社会价值取向的经济行为。组织群体节能、减排、降耗是一种亲社会的经济行为，如单位集体采用中央空调、节能换气装置替代单个空调，降低能耗，减少二氧化碳排放；又如采用大规模合同能效管理，降低单位群体电能总体消耗水平，从而产生良好的经济效益和社会效益。但是组织群体这种绿色能源消耗转型是生产性或者服务性绿色转型，不同于其他形式的群体消费绿色转型。从性质上，不属于本书研究的群体消费绿色转型。群体消费绿色转型包括大众群体消费绿色转型和小群体消费绿色转型。

从现实角度看，大众群体消费绿色转型比较典型的是群体公共基础设施与服务消费转型，如公共交通、通信服务设施的消费，以及选择绿色居住生活空间和环境场所消费，这类消费一般与学校、社区或其他社会公共场所相关，尤其与人群大量聚集的居民小区和学校相关。而小群体绿色消费转型与家庭和个人生活绿色消费相关。因此，群体绿色消费转型涉及社区群体和家庭群体，前者是大众群体，后者是小群体。前者倾向于社会群体意愿或利他主义，后者倾向于个体或利己意愿。因此，从某种角度讲，群体消费绿色转型是以社群为主体的新集体消费绿色转型和家庭群体消费绿色转型，这是迎合时代社群主义的消费绿色变革和以家庭为主体的小群体消费绿色转型。

（二）群体非诱导性绿色消费行为分类

根据我国社会现状和绿色消费发展趋势分析，大众群体非诱导性消费绿色转型大致可以分为：①个人免费共享型绿色消费行为。个人免费共享型群体绿色消费行为是指通过现有产品共享，重复使用，充分利用闲置物品，以共享为导向，减少新产品购买和使用，从而节约资源消耗，促进人与自然、人与环境良性互动，它是一种可持续的社会消费绿色转型模式。如小区设立旧衣服、旧电器、过剩的日用品回收箱，鼓励居民将不用的旧衣服、旧电器、过剩物品定点投放，回收利用。②个人付费共享型绿色消费行为。如共享单车、共享电动车消费行为，可以在减少二氧化碳排放的同时，节省个人购买自行车大量费用,既实现了低碳、低成本绿色出行,也使个人短程出行更加便捷。③个人参与家庭、社区绿色消费行为。如生活小区内居民群体垃圾减量,分类投放。这是一种长期有效的减少环境污染和资源浪费的大众群体绿色消费行为,这种大众群体绿色消费行为是推动社区群体消费绿色转型的主要动力。通过城乡街道、居民社区和某些环保组织协调和共同协商,形成垃圾减量和垃圾分类投放等方面乡规民约、小区环境保护、环境治理条例,由小区居委会等专门负责监督执行,使个人、家庭和社区群体形成良好的垃圾投放时间、行为规范,大大减轻了居民小区的环境压力,提升了社会绿色消费的总体水平。④个人自主、自觉的绿色消费行为。如个人自主购买和使用绿色、节能、环保、智能、简易和节俭的生活用品和家居产品。这方面大众绿色消费行为取决于个人自觉的道德思想、环境伦理、环境问题意识和解决环境问题的技术和能力。个人自主的绿色消费行为多数嵌入于他们的日常生活,或得益于良好的家风、家教,或得益于良好的社会道德风尚,以及个人及家庭成员所接受的良好教育、科学素养。

小群体非诱导性消费绿色转型主要涉及家庭群体。家庭群体绿色消费包括家庭群体减少私家车出行,增加采用公共交通和新能源汽车、地铁等节能交通工具出行或出游,既满足了家庭对出行的舒适性、快捷性要求,又能够大大降低能源消耗和二氧化碳排放。另外,家庭生活消费绿色转型还包括采用节能、智能生活用品,如 LED 灯等,减少对不可再生的资源消耗;减少使用塑料制品;购买新能源汽车替代燃油汽车;采用低谷电,减少高峰时期用电。

第三节 群体非诱导性消费绿色转型:基本条件与影响因素

群体非诱导性消费绿色转型是我国实现"碳中和""碳达峰"的途径之

一。大众群体和家庭群体消费绿色转型需要新的环保社群主义或新的环保共同体价值理念作为道德伦理和习俗、规范引导,还需要一定的硬件及其配套措施。

一、完善绿色消费的基础设施条件

（一）建设和完善共享基础设施

政府已经通过绿色公共和基础设施规模化建设,形成城市共享自行车和互联网共享单车,供大众群体绿色出行使用,目前已经取得良好的社会效应和经济效应。配合公共自行车绿色出行的需要,许多城市和乡村开辟了城市绿道和乡村自行车、电动车专用道路,在满足城乡居民绿色出行的同时,也满足城市居民健身、娱乐需要。

（二）建立有序的共享设施管理制度

通过日常管理提高各种共享设施的使用效率,维护环境秩序,如需要合理规定共享单车的取车和还车的方法和合理的地点,避免乱停、乱放或随意停放。可以利用互联网和卫星定位技术,适当强制规范群体共享单车的还车地点,如设置还车的电子地点、停放地点、扫码停车等必要设施。

（三）培养群体共享服务志愿者,宣传和弘扬绿色消费理念

共享服务志愿者是具有群体绿色消费意愿和意识的代表。他们积极参与社会绿色服务,宣传环保思想和绿色理念。通过他们的积极行动影响大众,转变群体消费观念和消费行为。

（四）为家庭群体消费绿色转型提供条件和便利

首先,积极为家庭提供参与社区绿色环保的便利条件。例如,提供垃圾分类投放的场所,设置带有不同标志的收集装置:彩色塑料桶或者彩色垃圾分类塑料袋;进行全面的垃圾分类宣传和指导,志愿者或小区专人帮助居民掌握垃圾分类知识和方法。

其次，为家庭绿色出行创造更好的条件。尽量将公共自行车取存点设在居民区，使城市公交车站和地铁站点靠近、联通大型综合生活小区，方便居民群体出行，减少家庭群体对私家车出行的依赖，提高城市公共绿色交通的利用效率，降低公共交通出行的经济成本和时间成本，提高公共交通出行的舒适度和便捷性。

最后，设立旧衣服、旧电器、过剩的日用品回收箱，鼓励居民将不用的旧衣服、旧电器、过剩物品定点投放、回收利用。也可以设立公益性家用电器维修服务点，鼓励居民将故障电器通过维修的方式更新零部件等恢复电器的使用功能，延长电器的使用时间，减少购买新产品的数量和次数，节约资源和减少支出。

二、群体非诱导性消费绿色转型的影响因素

群体消费意识与群体行为的影响因素包括：群体目标、群体规范、群体价值观、群体吸引力、群体凝聚力。

（一）影响消费绿色转型的群体目标

群体目标是通过群体行为希望达到的某些预期效果，并以此形成群体（目标）意识和各种行为要求。消费绿色转型的群体目标是指社会群体希望通过绿色消费，达到节能减排、低碳环保、资源节约等一系列社会可持续发展的预期效果而确立的一定时期内作用于群体意识和行为的各种具体要求。为了研究群体非诱导性消费绿色转型问题，我们将现实中的大群体即学校单位群体、社区群体和小群体即家庭群体作为考察对象。

学校单位群体的消费绿色转型的主要目标是节约用电，合理使用空调设备，减少固体废弃物排放，将校园建设成为共享单车和绿色出行的主要场所。社区群体和家庭群体的主要目标是采取垃圾分类指导，以及采用资源节约的家用电器和生活用品，如节水卫生洁具。群体目标对群体意识和群体行为具有非常关键的影响。

(二) 影响消费绿色转型的群体规范

规范是用来作为社会成员可以接受或不可以接受的态度和行为范围，群体规范可以作为群体成员共同的行为准则。消费绿色转型的群体规范是指在确定的群体内对有关群体成员的消费制定节能减排、低碳环保、资源节约等具体的行为规范和要求。群体规范一般由群体领导或群体认同的权威制定。群体领导和权威拥有的权力大小取决于群体成员的意志。群体权威是由群体成员的角色和地位所决定的。如果多数群体成员认为某些成员具有实现群体目标的能力和条件，群体就愿意赋予这些成员领导力和权威，一旦形成群体领导权威，这些群体领袖就能在群体规范制定和实施方面发挥重要的影响和作用。

(三) 影响消费绿色转型的群体价值观

价值观是关于什么是正确的思考和行为的共同行为规范和标准问题，它反映了社会认为有价值和值得追求的东西。消费绿色转型的群体价值观可以视为社会认同的群体绿色消费行为规范和标准。在我国，这种价值观主要由社会主义生态文明建设体制机制和社会制度所决定。习近平总书记提出的"两山"理念是消费绿色转型的群体价值观的重要思想来源。随着当前全社会大力践行"绿水青山就是金山银山"理念，大群体和小群体的消费绿色转型价值观越来越明确具体，这是当今我国群体绿色消费的一个重要基本面。毫无疑问，"两山"理念作为社会消费转型总体的指导思想和价值观对群体消费绿色转型具有深远影响。

(四) 影响消费绿色转型的群体吸引力

Robert E. Witt (1970) 认为，群体吸引力是指个体成员自愿靠近并愿意留在某个社会群体中的一种内驱力。群体吸引力不仅取决于群体特征，还取决于成员对这些特征相对于自己的需要和价值的评价，群体特征对个体满足自己价值追求越重要，群体吸引力越大，反之群体对成员吸引力越小。Cartwright、Dorwin 和 Zander (1968) 认为群体对个体的吸引作用取决于以下四个方面：

①吸引个体的动机基础,由群体成员的归属、认同、安全、金钱或其他可以由群体中介的价值组成。②群体的激励属性,由目标、计划方案,成员特征、行事风格、声望或对个体动机基础具有显著影响的其他特征组成。③个体期望。主观概率,对成员实际有益或有害的结果。④个体比较水平。个体设想的群体成员应该提供的结果水平。①

因此,消费绿色转型的群体吸引力对成员的影响取决于群体成员对绿色消费能否给其社会认同、安全和经济方面带来利益的评价。除此之外,群体绿色消费的目标方案是否明确并被成员理解,以及对成员特征、操作风格、声望和其他个体动机基础的意义也关系到群体对个体绿色消费的吸引力大小。

(五) 影响消费绿色转型的群体凝聚力

群体凝聚力是指所有作用于成员以使其留在团队中的力量。凝聚力是衡量一个群体对其成员吸引力的标准,产生凝聚力的力量是由群体的特征和个人的某些特性决定的。一个群体对其成员的权力与该群体的凝聚力成正比。无论群体对成员的吸引力是基于成员之间的个人吸引力,还是基于群体任务的有效执行,以及成员所获得的威望,凝聚力和权力之间的关系都是存在的。消费绿色转型的群体凝聚力是群体对成员绿色消费行为的作用和影响力之一,是促使成员留在消费绿色转型群体中的重要力量。总之,群体绿色消费行为对于大群体和小群体中的个体成员践行绿色环保理念、从事环境保护、低碳出行和资源节约是不可缺少情景因素,消费绿色转型的群体凝聚力对成员的绿色消费行为具有影响作用。

---

① Robert E. Witt. Informal Social group influence on consumer brand choice [J]. Journal of Marketing Research, 1969, 6 (4): 473-476.

第六章　群体诱导性消费绿色转型与企业绿色营销

群体非诱导性、亲社会消费行为推动社会绿色消费转型，其内在驱动力是群体规范和社会元价值，同时，政府和社会设计的共享公共基础设施供给机制和体制对推动社会绿色消费转型也有一定的影响。这种亲社会绿色消费是群体成员自愿选择并使用绿色产品，或者群体成员共享使用产品和服务，产生有益于社会的资源节约、再生利用的效果。但是，在市场经济条件下，多数个体与群体消费绿色转型是通过市场交易实现的，这种由企业绿色营销或其他组织的社会营销推动的消费绿色转型是群体诱导性绿色消费行为。

企业绿色营销在多数情况下着眼于驱动个体购买行为而不是群体购买行为，而其他组织从事社会营销多数着眼于群体行为改变而不是个体。两者是否存在交叉或者不一致呢？这个问题一直困扰笔者。在研究了托马斯·C. 谢林的《微观动机与宏观行为》（*Micromotives and Macro-behavior*）一书后，笔者对此释然了。根据托马斯·C. 谢林的研究，个体行为改变多数是在其心理动机和价值观支配下产生的，但群体与个体存在互动影响，一方面在群体情境下，个体互动产生局部均衡结果，另一方面个体动机引发的行为结果对群体产生影响。

根据托马斯·C. 谢林的关键多数理论和菲利普·科特勒、罗杰斯的创新扩散理论，在个体与群体共存的社会环境中，社会互动机制作用下，由个体心理动机支配下的微观行为最终影响并改变群体行为或宏观行为。企业绿色营销着眼于诱导个体的微观动机，社会营销着眼于促成宏观或目标群体行为的改变。在社会经济生活领域，若两者相向而行，既能促使个体生活方式发生积极改变，又能高质量推动社会消费绿色转型升级。

第一节 群体诱导性消费绿色转型与关键多数理论

除了群体非诱导性消费绿色转型之外，凡是需要通过市场交易制度和其他特殊的机制、体制安排才能实现的群体消费绿色转型都是群体诱导性消费绿色转型。尽管由于社会元价值观或亲社会的制度，节约、节俭等社会习俗和风尚对群体绿色消费存在积极影响，但在多数情况下，由心理动机和价值观支配的个体行为对群体消费绿色转型起关键作用。

托马斯·C. 谢林的关键多数理论从经济学、社会学、社会心理学角度做了大量研究。托马斯·C. 谢林假设存在这样一个行动，一部分个体总会采取该行动，另一部分个体则只有在足够多的人采取该行动之后才会采取该行动，还有一部分人必定不会采取该行动。正式模型是用参数 $x \in (0, t)$ 代表行为人，并选择是否采取行动。行为人采取该行动获得的效用给定为 $u(x, t)$，其中 t 表示采取该行动的人数比例。托马斯·C. 谢林假设 $u(x, t)$ 随着 x 的增加而递减，也即可以通过采取行动的效用来对行为人逆向排序。他还假设 $u(x, t)$ 随着 t 递增，也即采取行动的人所占的比例越大，单个行为人所获得的收益也越大。每个行为人 x 将 t 视为给定，当且仅当 $u(x, t) \geq 0$ 时选择采取该行动，均衡就是满足 $u(t^*, t^*)$ 的比例值 t^*。显然，给定 t^*，当 $x \leq t^*$

时，每个行为人 x 会采取该行动；当 $x>t^*$ 时，每个行为人 x 不会采取该行动。

托马斯·C. 谢林构造了一个存在多重均衡的数值例子，并指出即使单一均衡占主导，这类模型也存在"乘数效应"。在他的例子中，因为无条件采取该行动的个体存在，对局部区域的均衡水平产生很大影响。在托马斯·C. 谢林的模型中，个体是直线或平面上离散的点，并在局部区域进行互动。

对于互动行为，托马斯·C. 谢林在《微观动机与宏观行为》一书中是这样说的："互动行为……首先，让我们回到有关听众席中听众这个例子，并对它进行分析。这个例子实际上研究的是对空间的分配问题。除了听众席中分配座位的例子，同样的行为方式还表现在人们在海滩上或公共汽车上分配座位时：人们一旦从拥挤的人群中挤出剧院就无所事事地站在人行道上，堵在拥挤的剧院出口处，挡住了仍然在向外拥挤的人群；人们在聚会或招待会上的聚集；看表演时座位的选择；等等。没有哪一种单一行为模式能够涵盖所有这些例子。有时候人们向人群中心靠近一些，而有时候四处分散；处在人群边缘的人可能想冲进人群去，而在人群中的人却不堪拥挤。如果每个人都想处在人群的中心，那么人群就会非常拥挤，如果每个人都想处在人群的边缘，那么人群就会逐渐分散，甚至不成为一个人群。如果人们想要与特定的人保持亲密或者一定的距离，他们的行为就要复杂得多。人们由于性别、种族、年龄、语言、穿着或社会地位，或者熟识程度、友谊关系等而被区分，个人动机很有可能会带来惊人和意想不到的集体结果。"①

但是，大多后续进展都采用了更简单的关键多数模型。社会并非精确算计

---

① 托马斯·C. 谢林. 微观动机与宏观行为［M］. 谢静，邓子梁，李天有译. 北京：中国人民大学出版社，2013：23-24. 该书的主题是关于个体动机、行为（或微观动机）与其所带来的总体结果（或宏观行为）之间的相互关系，它不仅探讨个体行为所导致的令人惊奇的宏观结果，也讨论宏观结果中所蕴含的个体动机或行为，以及是否可能从观察到的宏观行为中推论出微观动机。通过人们耳熟能详的、简单易懂的例子说明当总体行为不仅仅是个体行为的简单累加是会出现什么样的情况，社会成员为何对他们的单独行动所产生的集体后果视而不见，以及为何从群体现象中推导个人意愿的尝试是一种投机取巧的行为。

而形成的一种群体，渐变在多数情况下是一种比较现实的考量。弗尔默（Follmer，1974）第一个明确地采用了源自统计物理学的随机场模型，也被称为互动粒子系统，对社会互动进行建模。这类模型经常假定个体之间互相依赖并且分析由此引发的均衡行为。涉及均衡的存在性和多重性的常见问题，与个体行为相关假设和均衡相对参数的敏感性一致。弗尔默建立了一个经济模型，该模型中个体偏好取决于同侪偏好，并证明个体偏好的随机性会影响总体结果，当行为人数量趋于无穷时也成立，从而使大数定律失效。Blume、Durlauf、Brock 和 Follmer 意识到社会互动的离散选择模型和一些随机场模型存在联系。①

根据托马斯·C. 谢林的关键多数理论，我们假设群体诱导性消费绿色转型开始于关键多数个体消费行为变化，或者说是由关键多数个体追求自身价值这种利益动机驱动下的一种消费行为，而关键多数消费者的绿色消费行为影响了群体对绿色消费创新的选择。可见，一开始绿色消费创新并非群体行为，而是由关键多数个体在心理动机驱使下，引发的消费创新扩散行为，或者说是由关键多数个体引发的消费创新在群体互动过程中不断扩散的结果。

与关键多数理论相比，消费者行为理论对群体消费绿色转型缺乏充分的说服力。甚至，消费者行为理论相比于新古典经济学的其他理论，也显得不太成功，理论很薄弱。这是因为消费者行为理论过分强调个人世界观与思想在个体消费者选择中的作用，既忽略了个人动机对群体结果的影响，也忽略了群体作为情景因素对个体消费转变的影响，如社会群体认同对个体自我认知的作用与影响，即社会互动的作用和影响，而这方面已被托马斯·C. 谢林《微观动机与宏观行为》中所揭示的理论所充分证明。

在消费者行为理论中，外部施加的约束则相应要弱得多。这就类似于在竞选中，与政党行为理论相比，投票行为理论就很薄弱，反过来，政党也只有在

---

① 史蒂文·N. 杜尔劳夫，劳伦斯·E. 布卢姆. 新帕尔格雷夫经济学大辞典（第二版·第八卷）[M]. 北京：经济科学出版社，2016.

选票最大化的强大压力下才能生存下来。相比较而言,个人选择就不受这种约束影响。当总体制度环境运行时,只要它有利于选择那些严格遵循特定偏好模型的行为,新古典理论就是有用的。它有用是因为个人心理状况无关宏旨。"偏好"要受更广泛状况的影响,不必有个人内心世界的回应。因此,公开价格市场竞争性环境从外部决定了导致成败存亡的行为模式类型。同时,参与者"偏好"说不能被理解为个人心理学,而是对上述各种约束条件的反映。可见个人心理特征的重要性有所削弱。①

所有问题都在于,无论参与者个人心理结构如何,它们必须与这种行为选择模式相一致,而个体投票者受到的约束就弱得多。因此,现实的心理构成就起作用,新古典理论就行不通。② 这里的行为选择模式中的行为是指政党选举行为,这种行为服从于外在的制度强制,而非个人可以自主。

从上述分析可以看出,消费者个体绿色消费行为在很大程度上受到个体价值观和心理动机影响,迄今社会还不能通过制度强制转变这种受到强烈的个人动机而不考虑社会影响的消费行为。若考虑社会影响,个体消费行为可以在适度的制度或社会规范、习俗约束下,通过企业有效的绿色营销和其他组织的社会营销,在群体互动作用下,发生个体绿色消费行为,进而推进群体消费绿色转型。关键多数理论很好地说明了这一点。

熊小明等(2015)实证研究后认为目前绝大部分人的绿色消费意识处于模糊状态,对其的理解仅仅停留在比较抽象的层面,尤其是绿色产品的价格稍高于非绿色产品,这导致许多消费者对绿色产品购买的积极性还不高。他们聚焦在企业采取何种传播策略方面能有效唤醒消费者的绿色消费意识,并强化其绿色消费行为。熊小明等(2015)通过研究还发现,企业绿色产品采用利己诉求的广告方式能更加有效地提升消费者的购买意愿。而且,当消费者在群体情景

---

①② 约翰·N. 德勒巴克. 新制度经济学前沿(第 2 辑)[M]. 张宁燕译. 北京:经济科学出版社,2003:324-325.

下购买绿色产品时,与利己诉求的广告方式相比,利他诉求的广告方式对其购买意愿影响更大。但是,当消费者处于独立的个人情景下购买绿色产品时,与利他诉求的广告方式相比,利己诉求的广告方式对消费者的购买意愿的影响更为积极。他们的研究表明,企业绿色营销包括生产和销售绿色产品和服务,以及为绿色产品制作合适的广告促销,包括利他诉求和利己诉求的绿色产品广告,对消费者绿色消费具有明显影响;相对而言,在群体情景下,利他诉求的广告方式对消费者绿色消费行为影响更为明显。这说明个人的价值观或者价值认知对消费者的影响受到企业绿色营销的影响,而且这种影响同时也受到社会群体互动的影响。这在某种程度上证明个体心理动机在社会互动和企业绿色营销的综合作用下,最终影响群体消费绿色转型。

第二节 影响关键多数消费者绿色消费的价值理论分析

企业绿色营销对群体绿色消费产生黏着性即群体绿色消费黏性,并引发持续的群体绿色购买和消费的作用,但需要通过对其中内在的作用机制和影响因素进行系统和深入研究,以揭示企业绿色营销诱导群体消费绿色转型的内在作用机理,形成群体消费持续绿色转型和企业绿色营销创新相互关系等方面较为规范的、系统的发生和发展规律的认知。以下从消费价值理论角度分析影响关键多数消费者的绿色消费意愿、购买动机和购买行为的各种影响因素,在此基础上,阐明企业绿色营销与群体诱导性消费绿色转型之间的关系。

Sheth 等(1991)提出消费价值理论,该理论从消费价值角度解释消费者为什么选择买或不买,使用或者不使用某款特定的产品;消费者为什么选择这款类型产品，而不选择其他款式的产品；消费者为什么选择这个品牌的产品，而不选择其他品牌的产品。

根据 Sheth 等（1991）的研究，消费价值包括功能价值、社会价值、情感价值、认知价值和条件价值。功能价值是指消费者所感知到的产品在功能性、功利主义或物理性能方面的效用，功能价值要求获得独特的功能、物理特性和效用，并将此作为消费者选择项。按照传统说法，功能价值是驱动消费者购买选择的首要因素。这一假设出自新古典经济学效用理论，新古典经济学通常将消费者作为理性人看待，根据理性的消费者假设，消费者选择产品时，按功能价值决定是否购买，这类购买决策是理性消费决策。对于消费者而言，影响其购买选择的产品功能价值还可以用产品具有的特征或特性表达，包括可靠性、耐久性和价格。对于特殊产品如家用汽车购买决策，功能价值还包括燃油的经济性和维修记录（Sheth et al.，1991）。

社会价值是指从一个或多个社会群体的联系中所获得的感知效用。人们选择具有高涉入度的产品如衣服和珠宝，或者与别人分享的产品与服务，如礼品和娱乐产品，这些行为通常是由社会价值驱动的。即使是通常被认为是功能性或功利性的产品如厨房用具，也经常根据社会价值来选择，即由社会价值决定的心理动机驱动消费者购买。Sheth 等（1991）引用罗杰斯（1962）和罗伯特森（1967）在意见领导和创新扩散领域的研究，证明社会价值在人际沟通和信息扩散中的重要性。

情感价值是指从他人唤起的情感或情绪状态的能力中获得的感知效用。当一种选择与特定的感情联系在一起，或者这些感情暂时留存或永久化时，便获得了情感价值。商品与服务经常与情感反应联系在一起，如烛光晚餐引起的浪漫等。情感产品通常与审美选择有关，更有形、更实用的产品通常更有情感价值。情感价值受到几个相关的领域的理论和研究的影响。Dichter（1947）进行了消费者选择动机研究，认为消费者选择可能由非认知和无意识动机驱动。

Orstein（1972）和 Hansen（1981）研究了与非语言处理直接相关的是脑半球侧向化问题，他们的研究解决了人类大脑两侧对语言和视觉或图像信息的特殊功能方面的认知难题，为研究情感价值对消费者购买决策的影响提供了理论基础。

认知价值是指从备选方案中能激发好奇心、提供新颖性和满足求知欲的能力中获得的感知效用。从产品使用中获得全新的经验则具有认知价值，然而，提供一个简单的替代方案也能够获得认知价值，如替代目前厌倦的品牌，尝试一种新的品牌产品；满足好奇心，如参观一个夜总会；或者有学习欲望，如体验另一种文化。

条件价值是指当选择面对特殊情景的结果或者某一环境而感知到的价值。条件价值可以根据作为前因的物理条件或偶发的社会事件存在的前提下，以可增强其功能或社会价值的备选方案来测量，如圣诞卡、救护车、电影院内的爆米花之类产品均具有条件价值。条件价值理论受以下研究影响：Hull（1963）的激励动态性理论；Howard（1969）认识到学习的重要性，认为学习是在特定情况下经历的结果，认识到行为不能仅凭态度或意图就能准确预测。另外，许多研究者（Belk，1973，1974；Sheth，1974；Park，1976；Bearden and Woodside，1977）在20世纪70年代调查了情景因素的预测能力（Sheth et al.，1991）。

第三节　影响关键多数消费者绿色消费的计划行为理论分析

根据计划行为理论（Theory of Planned Behavior），消费观念受绿色消费态度、主观规范和知觉行为控制三个因素影响。当消费者具备了绿色消费观念时，就会自动规范自我行为，选购更具有环保性能的产品和服务。同时，随着社会中具备绿色消费理念的人群扩大，绿色消费就会占据主导地位，从而实现群体绿色消费转型。

李倩（2019）将绿色产品定义为环境有益、节约资源的产品，认为常见的绿色产品主要有绿色食品、节能家电、新能源汽车、可降解材料制品。消费者绿色产品意愿起源于对绿色产品的认知，绿色产品认知是指确认并理解绿色产品，如个人能明确区分绿色食品、节能产品、新能源汽车、可降解材料制品。绿色产品认知也理解为消费者能感知产品环境友好、资源节约，产品包装材料采用生物可降解或物理拆解循环使用材料等特性。拥有权威机构认证的环保标志产品往往是用于解析绿色产品的重要特征。但是，仅仅是对绿色产品的认知并不能说明消费者会产生绿色消费意愿以及绿色产品购买动机和行为。

消费者绿色购买意愿是购买绿色产品的倾向性，影响购买意愿的主要因素是消费者自身的生理或心理因素、社会因素以及外部政策法律因素和企业营销传播或促销因素。从微观角度看，在企业绿色广告促销与营销传播的影响下，消费者会逐渐改变对环境的认知，改变消费态度、信念和价值观，进而影响消费者绿色购买意愿。张建平等（2020）从宏观角度认为绿色消费观念提升是影响绿色消费的主要因素，公共政策、绿色供给水平是影响绿色消费的重要外部因素。绿色消费是在绿色消费观念支配下的消费模式的改变，绿色消费行为受消费观念或消费意识的直接支配和调节。

李倩（2019）、Yadav 和 Pathak（2016）[①] 运用计划行为理论证明消费者道德态度、健康意识、环境关切和环境知识，通过影响态度、主观规范和知觉行为控制，正向影响消费者绿色产品的购买意愿。盛光华等（2019）在计划行为

---

① Yadav 和 Pathak（2016）运用计划行为理论研究了发展中国家消费者有机食品的购买意愿，在三要素基础上他们将道德意识、健康意识和环境关切纳入其中。他们用结构方程模型分析了 220 个样本数据。结果证明道德态度、健康意识对绿色购买有显著的正面影响。从而扩展了计划行为理论在消费者绿色购买行为的研究方面解释。

理论的基础上加入生态价值观与个人感知相关性两个前因变量，对计划行为理论模型进行拓展研究，深入探讨消费者绿色购买意愿的影响机制。实证结果表明，生态价值观对于消费者绿色购买意愿的正向影响是通过态度与主观规范两条路径实现的，个人感知相关性对于消费者绿色购买意愿既存在直接影响也存在间接影响，其间接影响是通过态度、主观规范与感知行为控制的传导效应实现的。

Hines、Hungerford 和 Tomera（1986）利用元分析（Mete-analysis）方法，对以往（过去十年）针对激发个人采取环境责任行为的影响和决定因素所做的实证研究结果做元分析后，认为与个人采取环境责任行为有关的社会心理变量是：具有环境问题知识；采取策略行动知识；心理控制（Locus of Control）或主观规范、知觉行为控制（张建平等，2020）；态度；语言承诺（Verbal Commitment），个体责任意识，并提出了"负责任的环境行为建议模型"（The Proposed Model of Responsible Environmental Behavior Hines J. M., Hungerford H. R., Tomera，1986）。张建平、刘恒和韩珠萍（2020）引用模型图时将其标为"环境行为预测因子模型"，两者除了变量名称存在理解上的差别，如 Locus of Control，按原文理解，应该直译为"心理行为控制"，而图中意译为"主观规范、知觉行为控制"，其余包括图的结构与英文原图相比较没有差别（见图 6-1）。在 Hines、Hungerford 和 Tomera（1986）的研究中，态度、心理行为控制、个人责任和经济导向（Economic Orientation）与语言承诺（Verbal Commitment）在对环境责任行为做元分析时，充当社会心理变量（Psycho-social Variables）。其中，态度变量是指与环境相关的个人感觉好坏、喜欢或不喜欢。这类变量既包括对环境或生态一般态度评价，也包括对特殊的，诸如能源危机、使用无铅汽油和其他采取环境行动的个人态度评价。他们的研究结果证明这些方面态度对环境责任行为有显著影响，相关系数是 0.347，标准差 SD = 0.224（见表 6-1）。

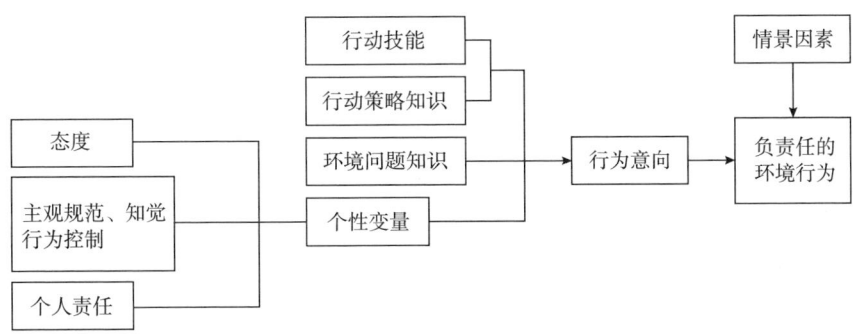

图 6-1　环境行为预测因子模型

资料来源：Hines J. M., Hungerford H. R., Tomera A. N. Analysis and Synthesis of Research on Responsible Environmental Behavior：A Meta-analysis［J］. The Journal of Environmental Education，1986，18（2）：1-8.

表 6-1　实证研究的元分析描述性结果

变量 (Variable)	修正后的相关系数 (Corrected correlation coefficient)	修正后的标准差 (Corrected standard deviation)
1. 语言承诺（Verbal Commitment）	0.491	0.130
2. 心理行为控制（Locus of Control）	0.365	0.121
3. 态度（Attitude）	0.347	0.224
4. 个人责任感（Personal Responsibility）	0.328	0.121
5. 知识（Knowledge）	0.299	0.195
6. 受教育程度（Educational Level）	0.185	0.122
7. 收入（Income）	0.162	0.084
8. 年龄（Age）	0.160	0.118
9. 性别（Gender）	-0.151	0.084

资料来源：Hines J. M., Hungerford H. R., Tomera A. N. Analysis and Synthesis of Research on Responsible Environmental Behavior：A Meta-analysis［J］. The Journal of Environmental Education，1986，18（2）：1-8. "Table 1 Summary of Meta-analysis Finding for Descriptive" 此处中文标题及标注由笔者整理，省略了原表格中报告元分析所采用的实证论文数目（Number of values based on）。

心理行为控制（Locus of Control）是一个总括的概念，它不是严格意义上的环境行为变量。心理行为控制是指个人感知到的通过她或他的行为能够改变环境的能力。Hines 等（1986）认为这个概念是基于这样一种观念：某些个体并不试图做出改变他人或对其他人施加影响，相反，他们只想改变自己的行为。Hines 等（1986）在对十五项实证研究做元分析后，计算出心理行为控制与环境责任行为的相关系数达 0.365，标准差 SD 为 0.121（见表 6-1）。这一结果说明心理行为内在控制对环境责任行为具有密切关联性。换句话说，"只有心动才有行动"，外部因素只有通过内部心理行为控制才能有效地影响个人环境责任行为。

语言承诺（Verbal Commitment）与环境责任行为关系。语言承诺是对特殊问题表达行为意愿，这里特殊问题就是环境问题。承诺只是衡量这种行为意愿程度的一种方法，并非指字面上做出承诺。Hines 等（1986）通过对六项实证研究进行元分析，得到相关系数达 0.491，标准差 SD 为 0.130。

个人责任感（Personal Responsibility）。这个社会心理变量是指个人对责任和义务的感知。这种责任感既与总体环境相关，也可以指个人具体环境责任行为方面，如资源节约、减少空气污染、使用无铅汽油相关。Hines 等（1986）在对六项实证研究做元分析后，得到个人责任感与个人环境责任行为的相关系数为 0.328，标准差 SD 为 0.121。

经济导向（Economic Orientation）是指个人的成本意识和个人对某项环境行为产生的经济后果及环境管制方面的关注程度。如使用节能灯具能够减少电费，同时提高照明效果，但购买节能灯比购买白炽灯更贵。政府对使用节能电器有各种优惠政策，相反，采用耗能电器设备有相应的管制政策和措施。这些方面个人可关注对其环境责任行为产生影响。Hines 等（1986）在对六项实证研究做元分析后，得到经济导向与个人环境责任行为的相关系数达 0.162，标准差 SD 为 0.118。

第六章 群体诱导性消费绿色转型与企业绿色营销

对人口统计学变量与环境责任行为关系实证研究的元分析主要涉及的变量是：年龄、收入、受教育程度和性别。这些变量不存在概念理解差异。Hines等（1986）分别对符合人口统计学定义的变量与环境责任行为关系的实证研究进行元分析，得到各自的相关系数和标准差。

模型中的行动意向（Intention to Action）只是针对认知知识、认知技能和人格因素组合变量而设定的对环境责任行为起中介作用的变量。个体在对特殊的环境问题采取行为之前，需要了解现有的环境问题。

个人拥有环境问题的知识（Knowledge of the Problem）是其行动的前提条件。在模型中的行动策略知识（Knowledge of Action Strategies）是指为缓解环境问题而必须采用的适当的行动策略知识，这些行动策略知识在一些实验研究中设计开发出来，并且证明是有效的和合适的（Asch and Shore，1975）①。

与此同时，个人将知识转化成解决问题的技能即行动技能（Skill of Action）是指适当地应用上述知识解决所确定的环境问题所需要的技能。Hines J. M. 等（1986）认为这些技能对个人环境责任行为具有明显的影响。因此，通过教育培训，提高人们的环境问题意识和处理环境问题的知识、技能和策略步骤，能够最终影响个人环境责任行为。

因此，通过社会、特殊的教育培训机构、企业甚至个人，积极诱导个体或群体参与环境保护、缓解环境压力和减少环境损害等绿色生产和消费方面的全社会互动和社会学习，掌握适当的环境问题知识和有效地处理环境问题的技能、方法和策略，将有助于提高个人、群体乃至整个社会的环境责任能力和水平，提高全社会处理环境问题的整体效果。

张建平等（2020）认为绿色消费态度要转化为有效的绿色消费行为还要受到环境知识的影响。根据行为学领域的研究，拥有越多环境知识的消费者会越

---

① Asch J. and B. M. Shore. Conservation Behavior as the Out-come of Environmental Education [J]. Journal of Environmental Education, 1975, 6 (4): 25-33.

倾向于购买注重环保的企业产品，同时抵制忽视环境甚至污染环境的企业。例如，德国的消费者愿意以更高的价格购买具有生态标签的巧克力产品，原因是消费者事后可以进行产品追溯，保证产品生产过程中没有对生态环境造成损害。

第四节　企业绿色营销促进群体诱导性消费绿色转型

群体对个体的影响在于群体的属性，前面章节的研究表明参考群体在许多情境下是个体消费价值选择的主要影响和决定因素。单纯从营销角度看，参考群体的影响主要表现为对产品形式或附加部分的选择影响，也可以理解为对产品价值的表达性影响。

一般而言，产品或品牌的价值表达性越高，群体对个体消费选择的作用和影响越大，反之，产品或品牌的价值表达性越低，群体对个体消费选择的作用和影响越小。一些研究表明，炫耀性商品具有极高的价值表达性，因此，炫耀性产品成为群体作用和影响力的必要因素。进一步地，可以将产品的炫耀性扩展为品牌特性和流行特色，具有品牌特性和流行特色的产品往往具有极高的价值表达性。参考群体选择具有极高的价值表达性的产品会影响个体对消费价值的感知。Park 和 Lessig（1977）提出了一个价值表达性影响的测量量表，该测量量表分为五项，分别是：①该品牌产品会提升我在群体中的形象；②使用该品牌产品的人具有我喜欢的形象特征；③喜欢该品牌广告中的代言人；④使用该品牌可获得其他人的羡慕与尊重；⑤购买和使用该产品可向其他人展示真正的自我或我希望成为的那种人。上述选项的倾向性越明显，说明产品越具有价值表达性，价值表达性越高，群体对个体消费选择的影响越明显。参考群体的消费绿色倾向和绿色价值追求能够成为形式产品或潜在产品的重要构成部分，影响个体对价值表达性产品和服务的选择，从而将绿色消费倾向和绿色价值追求从一个群体中扩散开来。这种扩散过程被认为是绿色消费创新或消费创新扩散。这种消费绿色创新扩散是事实上的群体消费绿色转型。

在价值表达性影响下，能够对群体消费绿色转型起诱导作用的是企业向市场提供的具有消费价值性表达的产品客体，以及关键受众或企业主体，如绿色环保主义者和环保服务志愿者等进行促销和整合营销传播。

从客体看，企业要充分转变市场营销观念，选择社会市场营销观念或绿色营销观念，将绿色理念贯穿于产品设计、产品生产和分销，甚至整个绿色供应链中。例如，在产品生产过程中使用绿色技术和环保工艺，对于产品采用绿色销售渠道和绿色包装、循环包装，进行绿色分销，在产品销售和使用环节做好旧产品的绿色回收、再制造利用或循环使用。

从主体看，企业要选择或培养关键的绿色消费群体或者绿色品牌最早采用者、品牌忠诚者，塑造绿色产品品牌的形象代言人，通过整合营销传播，如公共关系、赞助营销、营业推广和人员推销，将分散的、追求绿色消费价值的个体消费者吸引到绿色消费群体周围。托马斯·C.谢林的关键多数理论可以说明起源于关键个体，如名人代言人、绿色环保主义者、环保服务志愿服务者的绿色消费主张、价值观和价值表达形式，最终会影响群体绿色消费主张、价值观和价值表达形式。在推动群体消费绿色转型过程中，企业自始至终都需要转变传统的营销方式，采用具有创新性，针对目标群体的诱导性绿色营销。

目前，企业一般采用两种方法实现绿色营销创新。第一种方法是在营销活动中提供服务进行"绿色点缀"。采取这种方法的企业只是将"绿色"作为一种营销噱头，而不是从根本上转变企业的营销理念，这只是一种肤浅的"漂绿"。第二种方法是更为复杂、更为全面、更为有效的方法。这种方法要求企业在考虑与环境的关系时,在营销理念、经营战略、营销组合策略、方法措施等方面全方位采用诱导性绿色营销创新,承担起对社会应尽的责任和义务,将环境责任作为主要的经营目标。

第一,企业要采用"为环境而设计"(Design for Environment,Df E)的方法进行产品开发和生产。它包括两个基本内容:其一,从事为环境而设计的企业首先要把环境因素内部化为战略前提。① 远见卓识的企业家一般对环境问题有高度认识,想方设法通过内部技术革新减少企业对环境的负面影响,如减少二氧化碳排放、工业固体废弃物排放,设法评定企业展开绿色营销带来的外部成本节约和企业利润增加,以及良好的商誉资产累积。其二,企业要将内部因素与涉及环境保护的社会、经济、政治、法律等外部因素用于评价新产品研究与开发的一系列关键指标。

Papadas 等(2017)提出了绿色营销组合,包括绿色产品、绿色定价、绿色分销和绿色促销,涵盖了从传统的营销组合转化为绿色营销组合的所有短期行动。为环境而设计是企业产品设计的绿色理念,按照环境要求,在产品设计阶段,力求找到生态环境和经济之间的平衡;考虑所开发产品的生命周期的所有环节:原材料采购、产品生产、用户使用、产品回收处置和再利用等方面产生的环境问题,以使产品在整个生命周期内不产生或产生最小的环境问题。Dangelico 和 Pujari(2010)认为绿色产品是指为了保护自然环境、减少污染和浪费而进行的与产品相关的决策和行为,包括采用环保、可回收的包装和配料、关注产品的生命周期以及使用可再生能源生产。环境标准被列为优先考虑的因素。杨新荣(2005)概括了绿色设计一般应该遵循的 4R 原则:①节约(Reduce)。一是依托仿生学原理,使用功能模拟等技术,使设计的产品能够节约能源;二是尽可能设计结构简单和易拆卸的产品以节省原材料。②重复使用(Reuse)。将生产过程中产生的整件和零部件加以改造后,再作为新的零部件

---

① 杨新荣. 我国企业绿色营销的影响因素与实施战略[J]. 经济管理,2005(23):57-60.

投入使用，延长零部件使用寿命，降低企业采购和生产成本。③回收（Recovery）。把拆卸后的零部件经过加工后恢复使用。这种回收是把市场上的废弃品收集回来，拆卸成单个零部件，再经过一定程度的加工，作为新零部件组装到产品中。可以将这些非零部件完全无害化处理成为原材料后再用于产品生产。④再利用（Recycle）。设计后的产品被加入良性循环中达到物质的高效率利用，即企业按照"原料—产品—废料—原料"的循环线路进行生产和经营，或以自然降解的形式回归自然或其他生产环节，以减少对土地、水资源、空气的污染为目的来设计产品。

根据国际标准ISO14001环境管理体系认证，建立公司环境管理标准体系，广泛开展环境影响评价。通过原材料环境影响数据库，选择毒性影响最小的原材料。为避免产品废弃对环境造成不利影响，应该为用户提供有关产品各个部分再利用的方法。在回收产品拆卸过程中考虑环境要求，如若能达到同样功效，尽量采用标准件或者减少非标准件的使用，以降低能源和原材料消耗。还可以通过线上服务替代减少上门服务对交通环境产生的压力和影响，充分利用移动互联网或者人工智能技术，提高解决问题的效率等。

总之，运用DfE法的企业具体做法是秉持绿色设计和再制造理念，在产品生命周期不同阶段，积极进行环境损害事先控制，保证市场绿色产品的有效供给。

第二，企业积极进行产品绿色定价，并提升产品的绿色价值。Martin（2013）指出绿色定价是既关注生产和营销的经济和环境成本，又为客户提供价值和公平的商业利润的定价行为。相关定价方法包括生命周期成本法、碳抵消定价和竞争性定价等。采用循环经济，尽可能长时间地维护产品、材料和资源的价值。

第三，企业要重建绿色产品分销渠道。绿色渠道强调涉及监测和改善公司需求链上的环境绩效。其中，逆供应链方法被公认为是绿色分销的重要武器。

杨新荣（2005）认为绿色渠道应首先注意防范渠道对绿色产品的污染。其次缩短渠道长度，减少产品流通时间。再次建立产品逆向渠道，设法回收废旧产品。另外，采用具有绿色信誉和形象的中间商经销产品。最后设立绿色专柜或绿色商品购销公司，以产品绿色标志招揽顾客。

第四，大力开展绿色促销。绿色促销要以"传播"的方式进行，其目的在于让利益相关者了解企业在环境保护方面的努力、承诺和成果。企业可以通过广告、社交媒体和网站等方式直接公开企业绿色产品和服务的信息，从而加强与消费者的交流，绿色促销策略创新应该将重点由宣传推广产品转移到传播绿色知识，增强消费者的环保意识（李华晶、王纯，2017）。

第七章　群体消费绿色转型与企业社会营销创新

随着科学技术的不断进步，人类社会逐渐从电子、信息时代向大数据、人工智能和万物互联、互通时代发展，人们从享受丰富物质生活的消费主义盛行时代，开始转向追求环境友好、社会经济可持续发展、生物多样性、万物共生共存的低碳经济、美好生活的新时代。人人参与环境保护，全民共同关注人类社会长期发展。资源节约、环境保护、废弃物循环利用等一系列社会消费变革，逐渐成为一些国家和地区的现实追求。

群体消费不同于个体消费，个体消费行为受到个人或家庭行为动机、态度和情感的影响，而群体消费只能视为一种社会现象。群体消费不仅包括群体非诱导性消费、群体诱导性消费，还包括更为广泛的社会大众消费。因此，群体消费绿色转型包括群体非诱导性消费绿色转型、群体诱导性消费绿色转型，以及更加广泛的大众群体消费绿色转型。

支持和促进社会大众绿色消费创新，除了政府政策、法律法规、科学技术发展和社会倡导新的风俗习惯，企业社会营销创新也是不可或缺的一种重要促进力量。作为20世纪70年代在一些西方国家形成和发展起来的社会营销理论和方法体系是当今国际社会营销实践所依托的理论和方法基础。在借鉴西方社会营销理论的基础上，发展新的促进群体消费绿色转型的企业社会营销创新理论尤为迫切。

第一节 群体消费创新与扩散

什么是消费创新？就个体而言，消费创新是打破原有消费习惯，运用新的消费理念、消费知识和方法，购买、使用、处置新产品及其相应的服务。个体消费创新者具有冒险精神，热爱新事物，敢于尝试新产品，能为消费者带来各种新体验和效用。就群体而言，消费创新并非单纯的消费行为创新，而是在群体范围内通过关键多数群体成员的消费创新扩散，影响社会共同体消费模式和消费习惯。群体消费创新是在共同体内新的消费观念、消费知识和消费规范习俗、价值观的综合创新。

营销理论很久以前就开始采用埃弗雷特·罗杰斯（Everett Rogers）的创新推广理论，又称创新产品扩散过程理论。该理论认为，当一个产品最初进入市场时，第一批买家就是创新者和早期采纳者。接着便会出现早期多数采纳者群体和后期多数采纳者群体，最后，剩下的就是迟滞者群体，这些人可能永远都不会购买这个产品。有人认为该模型非常重要，因为它试图通过细分市场来影响较大群体的行为。菲利普·科特勒和罗伯托通过参照罗杰斯和休梅克的最初研究框架，来描述群体采取创新产品的行为以及营销推广或传播概念，并将其应用到社会营销中。革新成果推广研究表明，不同的行为采纳者对某种革新行为接受的时间会有所不同，如表7-1所示。

第七章 群体消费绿色转型与企业社会营销创新

表 7-1 革新成果推广与群体行为动机

目标采纳者群体	假设规模	采纳动机
创新群体	2.5%	想要创新，想要变得与众不同
早期采纳群体	13.5%	通过与创新群体的接触，了解到该产品的内在价值或其方便性
早期多数采纳者群体	34.0%	想要模仿他人，并且具有深思熟虑的特性
后期多数采纳者	34.0%	大众观念使得该产品变得流行，想要追随这一大众潮流
迟滞群体	16.0%	尊重传统

资料来源：南希·R. 李，菲利普·科特勒. 社会营销——如何改变目标人群的行为 [M]. 俞利军译. 上海：格致出版社，2018：145.

表 7-1 总结了每个目标采纳者群体的假设规模、采纳动机。推广过程的初始阶段，只有 2.5% 的具有革新想法的受众采纳。这些采纳者被新奇的事物所吸引，也有想要变得与众不同的欲望。接着，有 13.5% 的受众加入，这群人是被该社会产品的内在价值所吸引的。随后，有 34% 的受众觉察到了该社会产品的传播，出于随大流和模仿他人的心态，也决定接受。接着，又有 34% 的受众决定紧跟潮流。直到最后，该社会产品被广泛接受，变得流行，剩下的迟滞者占 16%。菲利普·科特勒和罗伯托认为该细分模型可以用于分析试图影响人们使用太阳能、风能和生物柴油燃料等可再生能源的社会消费绿色运动的影响机理。

群体成员采纳一种新产品呈现以下特点：刚进入市场时，创新群体和早期采纳群体通常只需要为他们提供相关的信息和教育，如告诉他们怎样做才能变得健康、预防伤病、保护环境并且为自己生活的社区做贡献，这两个群体便会改变行为，菲利普·科特勒和罗伯托将其称为"告诉我群体"。处于中间位置的两个群体即早期多数采纳群体和后期多数采纳群体人数最多，但他们采取行动面临障碍,即他们需要一系列的商品和服务才能采取行动。例如,他们需要激励措施才会把阁楼隔离开来,以节省电费;他们需要在更方便的时间、更便利的地方去拿那些他们本来就不喜欢的药品。菲利普·科特勒和罗伯托将其称为"帮帮我群体"。社会营销便是为这一群体"而生",这类群体应得到最多的关注和资源。最后一个群体即"迟滞群体"对所提倡的行为一点兴趣也没有,并且,除非已经颁布法律、执行罚款,他们才会关注。菲利普·科特勒和罗伯托将其称为"你必须强迫我的群体"。

菲利普·科特勒运用罗杰斯的创新扩散理论解释了群体消费创新扩散过程中,采纳新产品或服务的群体行为动机、态度和特征变化,并以此区分了消费创新扩散过程中不同群体,这些理论对于我们接着分析群体绿色消费创新扩散有很大启发。

第二节 社会群体消费绿色转型

群体非诱导性消费绿色转型是群体自发地转变消费意识和消费行为,以适应自然环境变化和社会经济可持续发展的需要,改变其消费生活方式。群体消费绿色转型是社会元价值观在群体消费方面的具体表现,群体消费绿色转型是亲社会行为。群体自发进行消费绿色转型存在内部激励和约束机制,这种内在激励和约束机制涉及群体互动、群体学习和社会比较与社会价值认同等多个理论范畴。以下从群体相互作用和群体社会比较理论进行深入研究。

社会互动是指参照组行为会影响到个体偏好,是外部性的特殊形式。选取参照组取决于周围环境,通常是个体的家人、邻居、朋友或同事。显然参照组是来自相关群体的某些成员。这种相关群体成员与个体之间的互动是社会互

第七章 群体消费绿色转型与企业社会营销创新

动,属于群体过程互动。社会学习与社会互动关系密切,社会学习是个体通过观察他人的选择来学习。根据学习理论(见本书第三章),学习有两种基本类型:认知学习和行为学习。认知学习强调感知理性和解决问题,它专注于知识、见解、想法、观点和目标。当个体对外部事件做出反应时,通过经验或工具性条件作用,产生行为学习,行为学习聚焦于做什么,而不是想什么。社会学习是一种行为学习,但问题是在社会群体中,群体学习过程是怎样进行的?

群体消费绿色转型是一种渐变式消费绿色创新,反映了不同群体在消费绿色创新扩散中所扮演的不同角色和不同角色之间的社会互动和社会学习关系。在关键多数个体消费行为变革的影响下,越来越多的消费者会选择有利于提高自己生活质量的绿色消费方式,如为改善居住环境、提高空气质量,积极采用绿色节能产品。多数人逐渐养成垃圾分类、减少垃圾排放,节约用电、用水,选择绿色出行的习惯,从而改变自己日常生活和工作方式。在社会互动机制作用下,关键个体的消费行为向绿色转变,最终能够促进群体消费绿色转型,这是一种渐进式群体绿色消费行为变革。那么究竟应该怎样理解和解释这种互动关系呢?解决这个问题的关键是对群体消费绿色转型过程中群体成员角色转变的分析。

渐变式群体消费绿色创新扩散可以运用创新产品扩散过程理论加以理解,根据菲利普·科特勒和罗伯托的理论,非诱导性消费绿色转型群体是符合科特勒设想的"告诉我群体",而诱导性消费绿色转型群体是需要企业绿色营销创新和社会营销方法影响和传播说服的"帮帮我群体",只有极少数群体是需要法律和法规介入的"强迫我群体"。结合表7-1,我们将消费绿色创新扩散的群体分为以下五类:第一类是创新群体;第二类是创新接纳易感群体;第三类是创新认同理性群体;第四类是追随创新的大众群体;第五类是创新接受滞后群体。详见表7-2消费绿色创新扩散中群体类型与企业社会营销创新的作用。

表7-2 消费绿色创新扩散中群体类型与企业社会营销创新的作用

群体类型	群体社会互动与社会学习及其特征	企业社会营销创新的影响和作用
创新群体	自觉采取绿色环保消费生活方式;寻求购买使用最新的节能减排技术产品	企业社会营销很容易影响,并产生预期的作用
创新接纳易感群体	对消费绿色创新持积极态度,有丰富的环境知识和行动技能,与创新群体积极互动,善于通过学习将社会规范、元价值观内化为群体行为标准;群体对成员有一定的控制力	对绿色产品的内在价值或其方便性、节约性比较了解;拥有丰富的环境知识和行动技能;企业社会营销绿色创新对其产生显著影响和作用
创新认同理性群体	认同消费绿色创新的社会价值和生活理念,注重消费绿色创新潜在的消费价值和自身利益,在企业社会营销传播和促销影响下,认同消费绿色创新,采取负责任的环境行为;但群体对成员缺乏控制力	因为多数群体成员想要模仿他人,并且具有深思熟虑的特性,成员在企业社会营销传播和促销影响下,认同消费绿色创新,但其行为具有不确定性
追随创新的大众群体	对消费绿色创新缺乏信息和知识,需要大量的环境知识和行动技能,在与其他群体互动和社会学习过程中,存在许多障碍和顾虑;多数成员认同消费绿色创新的社会价值和消费价值,他们既接受社会互动和社会学习的影响,也接受企业社会营销绿色创新的影响,但群体创新意识不强,行动力偏弱	因为大众观念使得该产品变得流行,想要追随这一大众潮流是这一群体的基本特征;企业绿色营销对这一群体没有直接影响和作用;相反,以改变目标受众的行为的社会营销对其有显著的作用影响
创新接受滞后群体	这类群体比较排斥各种形式的创新,包括消费绿色创新,也缺乏社会互动和社会学习的意愿,很少或几乎不受企业社会营销的影响,群体对成员完全没有控制力和影响力	由于这一群体对创新比较排斥,因此,通过企业社会营销创新去改变群体行为存在困难,但企业社会营销创新有一定的潜移默化作用

资料来源:笔者绘制。

第一类是创新群体。群体成员自觉采取绿色环保消费生活方式,寻求购买使用和处置最新的节能减排技术的产品,如新能源汽车、太阳能发电、节水洁具。因为群体多数成员都想要创新,想要变得与众不同。因此,企业社会营销很容易影响群体的绿色消费意识和行为,并产生预期作用。第二类是创新接纳易感群体。这类群体对消费绿色创新的生活方式持积极态度,有丰富的环境知识和行动技能。这类群体与创新群体积极互动,善于通过学习将社会规范、元价值观内化为群体行为标准,且群体对成员有控制力。因为多数群体成员通过与创新群体的接触,了解到该绿色产品的内在价值或其方便性、智能节约性。这类群体拥有丰富的环境知识和行动技能,企业社会营销绿色创新对其产生显著影响和作用。第三类是创新认同理性群体。这类群体认同消费绿色创新的社会价值和生活理念,更注重消费绿色创新具有的潜在的消费价值和自身利益。这类群体中,因为多数群体成员想要模仿他人,并且具有深思熟虑的特性,在外部情景因素和企业社会营销传播和促销影响下,成员认同消费绿色创新,但其行为具有不确定性,且群体对成员缺乏控制力。第四类是追随创新的大众群体。这类群体对消费绿色创新缺乏信息和知识,需要大量的环境知识和行动技能,并且在与其他群体互动和社会学习的过程中存在许多障碍和顾虑。但多数群体成员认同消费绿色创新的社会价值和消费价值的其他方面,如功能价值、情感价值、认知价值和条件价值,因此,他们既受社会互动和社会学习的影响,也受企业社会营销绿色创新的影响,但群体创新意识不强,行动力偏弱。因为大众观念使得该产品变得流行,想要追随这一大众潮流是这一群体的基本特征。显然,作为以盈利为目标的企业绿色营销对这一群体没有直接影响和作用。相反,以谋求社会福利最大化,改变目标受众的行为为目的的社会营销对追随创新的大众群体有显著的影响和作用。第五类是创新接受滞后群体。这类群体比较排斥各种形式的创新,包括消费绿色创新,也缺乏社会互动和社会学习的意愿,很少或几乎不受企业社会营销的影响。群体对成员完全没有控制力和影响力。由于这一群体对任何形式创新包括消费绿色创新比较排斥,因此,通过企业社会营销创新去改变群体行为存在困难。但企业社会营销创新对创新接受滞后群体有一定的潜移默化作用。

由此可见,消费绿色创新扩散过程中存在群体角色差别,依据不同的群体角色,在社会互动和社会学习机制作用下,企业社会营销创新对促成群体绿色消费行为变革往往呈现不同的结果。尽管群体非诱导性消费绿色转型是自觉自愿采用的消费绿色创新产品和服务,但还是需要企业和社会提供广泛的环境知识、节能环保技术信息或产品服务的绿色特色,甚至绿色计划行动策略和行动技巧,这全依赖于企业社会绿色营销创新与群体互动、群体学习社会机制共同作用。

第三节 企业整合营销创新

托马斯·C.谢林认为社会现象有一个普遍而深入的问题:"方法论个人主义"的独特作用。方法论个人主义是指终极分析单元为理性个体或至少是有目的的个体。一些人认为,任何社会现象如果不能被简化为个体行为选择,那它就是一个"黑匣"。也有观点认为,"黑匣"里面一定是一个社会机制。那么,社会机制到底是什么?社会机制适宜于什么地方呢?社会机制是小是大?还是非常大?托马斯·C.谢林认为一个理论可能包含多个社会机制,但是也可能一个社会机制包含多个理论:"……我认为社会机制是一个合理的假说,或者一组合理假说,这些假说可以是对某个社会现象的解释,解释可以是指个体之间的相互作用或者个体与社会集合体之间的相互作用。"

尽管群体消费不能视为个体消费的汇总或者累加,但是两者存在相互关联。此处借用托马斯·C.谢林"用高速公路驾驶汽车为例"来说明。托马斯·C.谢林认为,如果一个人与前车的距离只有1.5米不到,这个时候换车道,可以视为个体变革,但只是个体之间的相互作用,即个体变革扩散。如果个体将自己的车速调整为高速公路平均车速,这就是个体与一个社会集合体之间在合作互动作用。高速公路司机可以视为群体,他们共同的行为是群体互动合作博弈行为。群体影响司机的驾车速度意识,每个司机既不能远超规定的限速,也不能低于规定的限速,最佳选择导致群体按照平均速度或略高于平均速度的速度在高速公路上行驶。

群体消费作为一种社会现象,需要用社会经济理论加以解释分析,我们可以将群体消费视为社会共同体消费现象。群体消费创新是一种社会共同体消费创新,社会共同体消费创新具有某种作用机制和作用方式,其中包括个体的作用和个体与群体相互作用机制。根据前文研究,消费绿色创新扩散中的群体包括创新群体、创新接纳易感群体、创新认同理性群体、追随创新的大众群体和创新接受滞后群体,因此,群体消费绿色转型包括这五类群体在内的社会共同体消费绿色转型。

为了便于从营销理论角度研究,这里我们将这一社会共同体视为绿色目标受众或者绿色目标市场。其内在的作用机制我们已经用消费绿色创新扩散中的群体角色理论进行了分析研究,以下着重研究如何通过企业绿色营销创新和社会营销创新促进这一社会共同体消费绿色转型。

一、企业绿色产品主流化竞争战略创新

根据消费者黏性理论,企业与消费者市场主要通过营销组合进行联结,具体分为三个部分:产品和服务组合因素;分销组合因素;营销传播因素。这些因素在产品生命周期不同阶段联结不同的绿色目标市场用户。在产品导入期和成长期,企业绿色产品和服务组合因素联结绿色创新群体和创新接纳易感群体。在成长期和成熟期,更多的是依赖绿色产品创新成功导入市场之后,企业通过分销组合因素和促销传播组合因素进行联结。通过有效的分销组合和促销传播组合因素,将绿色产品创新扩散到创新认同理性群体和追随创新的大众群体,最终实现群体消费绿色转型。

在企业消费者联结的初始阶段，一般为企业产品绿色创新初始阶段或产品生命周期中的导入期及成长期，创新企业面对的主要消费群体是创新群体和创新接纳易感群体。企业在这个阶段的绿色营销战略和策略主要是绿色产品主流化市场竞争战略。通过绿色产品主流化竞争战略，实现产品差异化竞争优势，赢得绿色创新群体和创新接纳易感群体市场份额，并为消费者提供具有独特的消费价值和社会价值的绿色环保产品。不仅如此，绿色产品主流化生产企业为了保持与绿色创新群体和创新接纳易感群体的长期联结或保持消费者绿色产品黏性，吸引、满足、留住价值客户，应该在产品绿色创新的基础上，为上述两类核心用户提供全面的解决方案和长期价值增值服务，如持续的节能、降耗、减排服务，又如回收高功能价值产品，并对其加以修复利用或再制造，如大型装卸汽车发动机经修复后重新投入使用。那么，企业如何进行绿色产品主流化创新？

企业绿色产品主流化创新存在客观性，随着全球各国环境管制越来越严格，一些国家的环境规制政策和法规已经演变成为贸易壁垒和市场分割的利器。绿色产品全球化市场竞争已经逐渐明朗，全球绿色市场的规模正在扩大，而且未来市场规模可能更大，这些变化和预期使得研究和开发绿色产品成为必要。新的社会期望是企业必须了解如何将可持续发展问题融入到产品开发中，从而实现社会、环境和经济目标（Dangelico and Pujari，2010）。

许多国家的跨国企业甚至国内许多中小企业已将环境可持续性列入产品创新设计的重中之重，以绿色产品主流化竞争替代传统的竞争，最近趋势表明绿色产品创新正在成为企业的主流，环境价值和社会公益的转变是由市场驱动而不是单纯的监管所促进的产品创新和新技术创新。麦肯锡公司（2008）调查发现接受调查的公司高管多数认为气候变化具有战略重要性，约60%的企业在开发和营销新产品时考虑到这一点（Dangelico and Pujari，2010）。

企业绿色产品主流化创新，不仅要考虑按照环境要求设计产品，而且要考虑产品在用户使用过程中和使用之后产品对环境的后续影响。Dangelico 和 Pujari

(2010)提出绿色产品创新的三个关键维度：能源最小化、材料减少和污染预防。绿色产品或环境产品并非指对环境影响为零的产品，而是指能节约能源或资源、减少有毒物质、减少污染和废弃物排放的新产品。绿色产品创新的关键在于产品具有节约能源、减少有毒有害物质（如重金属）的使用，避免污染或废弃物排放，如燃油汽车会消耗石油和排放有毒、有害废气。绿色产品应着重考虑对环境的损害等关键特性和功能价值、社会价值、情感价值和条件价值等特性。

在某种程度上，绿色产品主流化创新是一项复杂的系统工程或地球环境工程的市场化延伸，如果不从产业链整体绿色创新入手，许多企业或许会力不从心，但在未来这是企业的一项核心竞争力，企业需要在产品生命周期一开始甚至任何阶段引入激进或渐进的绿色创新，或在材料选择使用、产品对能源的消耗或污染防治等不同维度上应对可持续发展挑战，可以为产品在市场上带来实质性的绿色差异化和绿色竞争力。然而，引入绿色创新设计意图不仅需要提高企业的环境责任水平和意识，还需要持续执行公司的环境政策，将绿色产品理念长期付诸实践，挑战市场风险（Dangelico and Pujari，2010）。

二、企业绿色传播战略创新

实施绿色产品主流化市场竞争的企业不仅要持续提高环境责任水平，执行公司的环境政策，并且要不失时机地促销绿色产品，推动群体绿色消费创新采纳和扩散，关键是整合企业绿色促销传播组合策略。根据群体消费创新扩散理论，创新消费的除了核心创新群体、创新接纳易感群体，人数众多的创新认同理性群体和追随创新的大众群体市场往往对处于绿色产品成长期和成熟期企业具有重要的战略价值。这些人群对绿色创新产品采纳相对迟滞，但市场份额巨大，影响甚广。如果企业要将绿色产品主流化竞争优势转变为潜在的经济价值和客户价值，必须创新绿色整合营销传播战略。

根据消费者黏性理论，在企业与目标消费群体建立联结的初始关系和双方进入持续关系阶段之后，企业要为消费者提供个性化产品体验，增加消费者对产品价值（功能价值、象征性价值或社会价值、情感价值、认知价值和条件价值）的感知，提高消费者对绿色产品的认知度和忠诚度，最终提高绿色产品的满意度，即消费者能感知绿色主流产品带来的实质性效用价值的提升。从计划行为理论角度，设法为具有环境知识和具有绿色行动技能与行动策略的个体提供满足其环境责任追求需要的产品与服务，提高此类群体的绿色消费满意度，建立新的绿色产品品牌忠诚度，形成品牌隐形合约，强化企业与消费者绿色联结，可以长期促进群体消费绿色转型。

客户满意、客户留存和保持价值客户黏性是处于绿色产品成长期和成熟期的企业市场营销所面临的主要挑战，同样也是绿色产品主流化创新企业保持未来竞争优势的法宝。企业需要整合分销和促销传播各种组合因素，培养、留存一大批有价值的客户群体——创新接纳易感群体、创新认同理性群体和追随创新的大众群体。

许多研究认为促销组合和整合传播营销对绿色消费购买的影响存在时间滞后，换句话说，企业想通过绿色营销去影响群体的购买行为，需要通过事先广告宣传、公共关系和赞助营销，将绿色消费理念、绿色产品特色、各种环境知识，以及针对群体绿色消费的行动计划、行动策略，与不同的目标受众相结合，传播或宣传出去。王财玉等（2017）认为，在远期购买情景下消费者更关注目标价值（产品的环保度），属于道德驱动；而在近期购买情景下消费者更关注目标的可行性（产品的流行度），更容易受到他人的影响，属于人际驱动。所以，人们更倾向于在将来而不是现在购买绿色促销产品，从而导致绿色创新消费的不作为惰性。一些整合营销短期有效的传播沟通策略和工具并不一定适合绿色产品促销，如打折促销、优惠券或赠送样品等。不仅如此，多数整合促销策略需要较长时间才能对绿色消费市场和绿色目标受众产生效果。因此，绿色营销传播需要从战略的角度进行研究。以下从绿色营销信息战略创新研究企业营销传播绿色创新问题：

首先，强化具有绿色环保特色的营销传播战略创新。

整个世界以发达国家为主对石油煤炭等化石资源的高度依赖，使地球变暖等环境危机加剧形成和发展。此外，我国经济快速发展，我国的碳足迹也在不断增大。为此，我国政府积极出台政策措施，力争在2030年和2060年实现"双碳"战略。许多企业也开始推出低碳绿色创新产品，并开展公关宣传活动来推广这些产品，以促进环境质量改善和满足消费者绿色消费需要。为此，需要企业加强自身的环保责任心并承担社会道德义务，积极传播绿色环保理念，配合其他组织的社会营销，在营销传播过程中加大公共环境知识的宣传力度，加大公益性促销投入和赞助与环境保护相关的公共关系服务支出，打造坚固的企业绿色营销传播堡垒。企业应采用绿色广告代替传统广告，所谓绿色广告是迎合大众群体对绿色产品的消费兴趣，采用环保诉求，在广告中强调品牌产品的绿色生态功效或社会价值。在绿色广告中通常有三种类型的环保诉求：①将产品和服务与生态环境之间的关系作为广告信息诉求；②在广告信息诉求中积极倡导绿色生活方式，而不是突出产品特性和服务特色；③展示公司的环境责任形象、环境保护理念和普及环境知识及行动技能等绿色营销传播战略计划内容的广告诉求。

其次，通过绿色广告信息策略创新，增加促销广告黏性。

广告信息策略力求做到简单、生动、富有情感，用生动的例子吸引绿色目标受众或目标市场消费群体。生动、具体、个性化的广告创意策略会使企业与大众的沟通过程具有说服力，让许多绿色促销信息在目标大众头脑中扎根，以备随时被激活，进而影响群体及个体绿色消费购买。菲利普·科特勒认为在广告业界，创意被视为"圣杯"，那些独具匠心的解决方案，寥寥数语或者一张图片就能概括值得购买的原因。这需要信息策略陈述简洁、利益概述一目了然以及期望定位明确，并且将它们转化为极具感染力的概念。创意被定义为有头、有心、有手、有脚的点子。点子好的广告能够抓住目标受众的注意力,并促成他们采取购买行为。绿色广告宣传要具有黏性,黏性是广告对消费者的持续影响力,它对于企业绿色营销的成功十分关键。黏性广告是让受众记住广告商传达广告信息的意图,改变目标受众与品牌或产品相关的观点和行为。

Chip Heath 和 Dan Heath(2007)提出黏性广告创意的六个基本特点,他们将英文这六个特点对应单词的首字母拼写成为 SUCCES(成功):①简单(Simplicity)。黏性广告既简单又深刻,简单是广告内容抓住需要传达的关键元素,如品牌定位:绿色环保,避免信息过多对受众形成干扰。②意外(Unexpected)。意外即广告内容偏离一般受众的期望,这样就会使受众产生好奇心和兴趣,可以让诸如绿色产品广告在众多市场商业广告中脱颖而出。意外在某种程度上就是新奇元素和广告创意,只有这样传播者才能克服消费者有选择性地关注那些与他们目标信息相关的自然倾向。③具体(Concreteness)。与抽象的表达相比较,具体需要广告呈现某种具体的情景,以便消费者更容易记住和检索有形的品牌信息,使品牌感知生动形象,便于记忆。具体往往通过使用有形的实质性的词汇和示范来完成。④可靠(Credibility)。可靠是指广告内容的权威性,如在主流媒体播出的广告中有"绿水青山,就是金山银山"等广为人们接受的权威说法。有时这种权威性可以通过名人代言来强化。⑤情感(Emotions)。人们一般关心具有情感共鸣的广告信息内容。广告商有时候可以通过恐惧情感信息表达刺激相关的情感来吸引人们关注他们的品牌。例如广告画面中出现工厂排放大量的二氧化碳、二氧化硫等工业废气之后,导致气候异常、成片农作物枯死等情景渲染,使人产生恐惧情感,促使人们关注地球环境,选择绿色生活和绿色消费方式。⑥故事(Stories)。讲故事的方式为受众提供更多生活体验,能够增强广告传播的效果,这是常用的广告信息策略。上述六种信息策略元素不一定都使用,但是,只要能够出色地利用其中一种或几种元素,就能增强广告促销对受众的影响。因此,在企业绿色产品广告促销过程中可以采用这些创新方法。

最后，企业为产品设计环境友好的绿色包装。良好的包装是企业整合营销传播不可或缺的部分，既可以对产品起到传统保护和便于运输的作用，也可以将更多绿色消费知识和理念通过外包装中的产品说明和特殊的标识符号传递给目标受众。在产品最后的零售环节，包装对促进绿色产品销售起着非常重要的作用，如一些绿色家电产品、有机食品或其他产品，在销售包装上的节约能源标识和产品绿色认证标志，经常会引起消费者关注和重视，从而影响消费者购买决策，最终，影响消费者生活方式的改变。另外，企业绿色营销也必须改变包装技术和包装材料，提高包装材料的环境效益。例如许多企业在早期采用可回收的塑料包装制品对软饮料和食品进行包装，但由于塑料包装类固体废弃物存在不可降解性，一旦废弃不用，成为垃圾，经填埋处理进入土壤，就会对自然环境造成长期损害。鉴于此，许多企业考虑采用玻璃瓶或铝制罐装，以便回收利用，减少对环境的有害影响。企业在面对可以采用与不采用包装的选择时，尽量不采用包装，或简化产品包装。企业也可以将一些不可降解包装材料，通过技术创新转变为其他合理用途，将如大量的包装产生塑料泡沫或纸板变成纺织材料和家具制品。

第四节　群体互动、企业和社会三位一体绿色互动营销新模式

群体消费绿色转型升级是我国社会经济全面绿色转型的必经之路，群体消费不是个体消费的累加，群体是个体进行社会互动、社会学习和社会比较的母体。在某种程度上，群体是一种社会集合体，群体规范、价值观和道德标准对

群体内的个体行为有深刻影响,群体影响潜移默化长期作用于群体成员和其他群体成员。消费绿色转型过程中,按照群体消费创新扩散不同阶段,绿色消费群体可以分为创新群体、创新接纳易感群体、创新认同理性群体、追随创新的大众群体、创新接受滞后群体。因此,我们不再认为群体是一个"暗箱"或"黑匣",而是互动的社会共同体。在营销学研究中可以将其视为目标市场或者目标受众。

目前,我国乃至世界其他国家群体消费绿色转型最大的问题是许多群体、个体缺乏绿色消费意识,缺乏消费绿色行动计划,也缺乏有针对性的社会营销激励措施和行动纲领。尽管一些绿色主流化企业已经开始着手绿色营销,采用绿色营销组合策略和整合绿色营销战略,刺激消费者选择绿色购买、绿色消费和绿色处置等,激发消费绿色创新扩散。但是,这种作用于个体的绿色营销创新仍然无法从根本上推动群体消费绿色转型升级。

基于现实考虑,结合前面我们对群体社会互动、社会学习和企业绿色营销的研究,我们提出一种新的促进群体消费绿色转型的营销理论思想:群体、企业、社会三位一体绿色互动营销创新。

群体、企业、社会三位一体绿色互动营销创新是在全社会范围内整合各种营销资源、传播路径,以大众作为广泛的目标受众,将改变大众环境责任行为作为营销目标的一种企业社会营销创新模式。这种企业社会营销模式借鉴国际社会营销学理论方法,充分考虑企业竞争绿色市场份额的商业目标要求,以及大众对社会经济发展与环境可持续所持有的良好愿望。

首先,将大众群体转变为消费绿色转型的社会共同体,大众是绿色消费社会共同体的成员。根据消费创新扩散理论,一些群体有望成为绿色消费的核心成员,如持环保主义消费理念,具有冒险精神的年轻人群,包括创新群体、创新接纳易感群体。创新认同理性群体、追随创新的大众群体需要企业绿色营销和社会营销,设法改变他们的环境知识、行动技能和行动策略。与核心群体相比,这些群体成员即使通过社会互动和社会学习,依然在采纳消费绿色创新过程中存在各种障碍,也缺乏行动意愿。社会营销者应该通过公共关系和舆论宣传,普及绿色环保知识,营造绿色标杆群体,通过社会互动和社会学习,激发创新认同理性群体、追随创新的大众群体的绿色消费意识,随时触发他们绿色消费的意识和行为。具体可以通过各个层次的社会营销者,如国家层面、行政区域层面和基层社会营销者,大力宣传绿色环保理念等社会元价值;制定社会行动纲领,以简洁、生动富于生活情趣的大众喜闻乐见的方式将环境知识和绿色品牌、标志和行为规范、道德标准、价值趋向传播出去,深深地打动他们,不遗余力地做好追随创新的大众群体和创新接受滞后群体的消费绿色转型的说服引导工作。

其次,企业要配合社会营销者做好群体消费绿色转型的具体工作。企业在商业活动中,不应该过分注重自己的商业利益和传统的经营目标,而是首先考虑为大众提供绿色产品和服务。考虑到消费者对价值的追求,尽量在绿色产品研究开发过程中,为消费者提供智能化、节能化和标准化的整体产品和产品零部件,降低消费者绿色产品的购买成本和使用成本。更重要的是进行逆销售,即承诺产品随时可以回收利用或修复利用,以便减少废旧产品对环境产生的损害或因产品生命期提前结束而造成的资源浪费。另外,企业也可以利用消费者对社会价值和情感价值的追求,将绿色产品的社会价值最大化,节能环保情感化,通过绿色促销和分销,改变消费者对产品和服务的绿色认知水平,促进产品销售,取得绿色产品主流化市场竞争优势。企业要善于利用关系营销理论,积极与核心群体互动,提高绿色产品在品牌价值、产品长尾规则(范围经济)、转移成本等方面的消费黏性,也可以在与群体消费者互动过程中对绿色产品进行价值共创和品牌"众包"。

最后,通过群体、社会、企业三位一体绿色互动营销创新,带动群体尤其是创新接受滞后群体改变消费行为和生活方式,实现大众群体消费持续绿色转型。

第八章 研究结果总结

我国社会经济全面绿色转型,需要动用全社会力量来推动,以往对生产和消费绿色转型升级的激励约束机制研究,强调政府产业政策和财税政策的作用,强调政府政策诱导、政策协调和某种程度的法律强制作用,对社会力量的作用似乎不够重视(如王宇等,2020;张建平等,2020;沈晓悦等,2014)。在社会主义市场经济条件下,如何通过企业绿色营销和社会营销创新,推动个体、群体乃至全社会参与生产、消费全面绿色转型升级,促进群体消费绿色转型,目前国内学术界缺乏这方面的深入研究,导致在理论上存在"盲区"。一些学术理论往往从微观,甚至以细微的心理或行为实验调查结果为依据研究绿色消费行为(如王财玉等,2017;盛光华等,2018;熊小明等,2015),一些实证使用的行为实验数据获取途径、样本在客观性和科学性方面存在不足,如大量使用在校学生作为社会调查样本,获取实验数据。即便如此,学者们也往往将结论和结果都汇集到宏观政策层面上,从一个假想的无所不能的单一行为主体——政府角度,提出各种对策建议和措施。一些理论过于宏大,难以形成有效的社会行动纲领或行动计划,难以对社会经济全面绿色转型产生有效影响。

社会营销主体是非营利性组织和一些非政府机构;企业绿色营销是营利性

第八章 研究结果总结

组织从事具有社会外部性的营销。社会营销管理应该规范地表达为社会营销（Social Marketing）。本书所谓企业社会营销创新指企业绿色营销创新和社会营销创新。

国际上，在营销大师菲利普·科特勒等的推动下，社会营销学理论不断发展，在很大程度上为促进群体消费绿色转型提供了大量实践案例和理论方法基础。本书借鉴现有的经济学、社会学、社会心理学理论和当前在企业绿色营销和国际社会营销方面最新的国内、国际理论研究成果，研究诱导性、非诱导性和社会大众群体消费绿色转型的营销理论方法，结合中国社会现实和未来绿色发展需要，思考并研究了群体消费绿色转型问题及群体、企业和社会三位一体绿色互动营销的理论和方法。

消费绿色转型离不开群体和个体，而涉及群体与个体行为及其关系的大量研究往往采用社会学和社会心理学理论方法。尽管消费者行为理论能够在一定程度上解释群体消费行为，尤其是家庭消费行为，但是传统营销理论对于消费者行为的研究主要是针对个体消费行为，未能就群体与个体行为及其关系对群体消费的影响进行深入分析。个体消费绿色转型能够推动社会绿色消费，但是个体消费逐利性与绿色消费的社会性存在矛盾。逐利性消费即追求功利性或效用性消费是指消费者追求个人利益最大化或者提高个人福利水平的消费行为。有些学者注意到个体消费者在生态消费过程中存在逐利性与社会性态度矛盾。与个人功利性追求不同，群体功利主义是谋求大多数人最大幸福，是一种伦理哲学思想和社会价值观，旨在追求人类快乐或人类幸福，是西方功利主义社会价值观之一。事实上，市场细分、公共关系和社会营销等理论已经涉及群体与个体行为及其关系研究，但是，迄今为止营销理论和方法未能够就绿色消费的群体行为进行系统研究。绿色消费是极具社会性的群体消费行为，从社会学和社会心理学角度研究绿色消费群体行为十分必要。

在研究过程中，笔者对群体绿色消费的理解发生了深刻变化。群体绿色消费不完全是个体绿色消费的累加或集合，也不同于营销理论中的基于人口、地理、行为等细分标准而确定的市场细分群体，而是社会共同体绿色消费。社会共同体按照各自绿色消费的行为差别和作用机制，将其分为非诱导性绿色消费群体、诱导性绿色消费群体，以及大众绿色消费群体。基于微观层面的绿色消费群体可以分为群体非诱导性绿色消费和群体诱导性绿色消费。基于宏观层面的群体绿色消费是大众绿色消费群体。群体非诱导性绿色消费是自发形成的群体消费绿色转型，但也需要具备包括绿色产品和服务制度供给、绿色消费制度安排，倡导节约和节俭等良好的社会风尚等在内的系列外部基础条件，需要具备共享性绿色环保的生产、生活等公共设施保障供给。

个体消费者的绿色消费行为在很大程度上受到自身的价值观和心理动机影响，迄今政府和社会还不能通过体制、机制和制度强制转变这种受到强烈的由动机支配的个人消费行为。在社会互动影响和作用下，个体可以在适度的社会制度、社会规范、习俗约束下，在企业有效的绿色营销和其他组织的社会营销引导和促进下，选择绿色消费替代传统消费，推进个体消费绿色转型。2005年诺贝尔经济学奖获得者托马斯·C.谢林创立的关键多数理论及其他学者的后续研究可以为此提供理论支持。

消费转型包括消费观念转型和消费行为转型，因此，群体消费绿色转型包括群体消费观念绿色转型与群体消费行为绿色转型。这个定义比较容易被人接受。例如，使用共享单车、乘坐地铁或公交上下班（单位班车）；居民按照小区引导，分类投放家庭垃圾。

基于创新扩散和关键多数理论，笔者合理假设并将消费绿色创新群体分为五类，即绿色创新群体、绿色创新接纳易感群体、创新认同理性群体、追随创新的大众群体和创新接受滞后群体。本书对这些群体之间在绿色消费转型过程中的社会互动和社会学习的作用机制和企业社会营销创新对其的影响进行了分析，并提出针对性策略，形成了消费绿色创新过程中群体角色差别理论。

第八章 研究结果总结

群体诱导性绿色消费转型呈现两种方式：一种是在企业绿色营销引导下，个体实施绿色消费，最终诱导群体消费绿色转型；另一种是在其他组织的社会营销作用下，有计划地、创新性地改变群体消费行为，实现大众群体消费绿色转型。企业绿色营销作用于群体消费绿色转型的过程是基于心理动力机制、态度和个体内在规范转变，注重微观作用机制，如消费者行为学。根据托马斯·C. 谢林的关键多数理论，本书研究认为通过企业绿色营销作用于个体行为（微观动机），驱动个体尤其是关键多数消费者积极参与绿色产品消费，最终结果导致群体消费绿色转型（宏观结果）。社会营销作用于大众群体消费绿色转型，是基于社会互动、社会规范和社会比较等社会学机制作用，注重宏观行为变革。

群体非诱导性消费绿色转型是替代传统非绿色消费的一种绿色共享消费、社会绿色认同消费和亲社会环境友好消费，具有范围经济和规模经济性，这种消费绿色转型可以减少或节约公共资源的使用，提高公共资源使用效率，与群体诱导性绿色消费转型一样，群体非诱导性绿色消费转型可以减少垃圾排放，促进废弃物回收利用，在总量上实现减少碳排放的目的。社会营销对非诱导性和群体诱导性消费绿色转型都存在影响，比较而言，群体社会动力学对群体非诱导性消费绿色转型具有内在作用。若社会营销有计划、有目的、分阶段性深入推进，则其对群体的诱导性影响更大、更加直接。

除上述外，笔者还详细研究了消费者对营销组合等多种黏性及其变化，以及消费者黏性变化过程中的前因条件和结果影响。消费者黏性理论研究可以为深入研究个体与群体消费可持续绿色转型提供可行的方法，也可以为深入研究群体消费绿色创新扩散过程中，群体消费者、企业、社会三位一体绿色互动营销创新模式提供综合的理论方法。最后，提出群体消费绿色转型与企业社会营销创新的理论：群体、企业、社会三位一体绿色互动营销创新。

参考文献

[1] Ambler T. Need‐to‐Know‐Marketing [M]. London: Century Business, 1992.

[2] Bearden W., Arch G. Woodside. Situational Influence on Consumer Purchase Intentions, in Consumer and Industrial Buying Behavior [A]. Arch G. Woodside, Jagdish N. Sheth, and Peter D. Bennett, eds., Elsevier North-Holland, New York, 1977: 167-177.

[3] Belk Russell W. Application and Analysis of the Behavioral Differential Inventory for Assessing Situational Effects in Buyer Behavior, in Advances in Consumer Research [A]. Scott Ward and Peter Wright, eds., Association for Consumer Research, Urbana, Ill, 1973: 370-380.

[4] Belk Russell W. An Exploratory Assessment of Situational Effects in Buyer Behavior [J]. Journal of Marketing Research, 1994, 11 (5): 156-163.

[5] Borden N. H. The Concept of the Marketing Mix [J]. Journal of Adverting Research, 1964, 2 (2): 7-12.

[6] Caruana A. Service Loyalty: The Effects of Service Quality and the Mediating Role of Customer Satisfaction [J]. Europe Journal of Marketing, 2002, 36 (7/

8): 811-828.

[7] Cialdini R. B. , Reno R. R. , Kallgren C. A. A Focus Theory of Normative Conduct: Recycling the Concept of Norms to Reduce Littering in Public Places [J]. Journal of Personality and Social Psychology, 1990, 58 (6): 1015-1026.

[8] Clark M. , Helgeson V. S. , Mickelson K. , Pataki S. Some Cognitive Structures and Processes Relevant to Relationship Functioning [J]. Wyer R. S. , Srull T. K. Handbook of Social Cognition, 1994 (2): 189-238.

[9] Coupey E. , Nakamoto K. Learning Context and the Development of Product Category Perceptions [J]. Advances in Consumer Research, 1988, 132 (3): 251-257.

[10] Dangelico R. M. , Pujari D. Mainstreaming Green Product Innovation: Why and How Companies Integrate Environmental Sustainability [J]. Journal of Business Ethics, 2010, 95 (3): 471-486.

[11] Dobiegala-Korona B. Customer Trust [J]. Economics and Business Administration Journal, 2009 (1): 121-126.

[12] Doligalaki T. Strategies of Value Proposition on the Internet [J]. Perspective of Innovations, Economics & Business, 2010, 5 (2): 17-19.

[13] Dwyer F. R. , Schurr P. H. , Oh S. S. Developing Buyer-Seller Relationships [J]. Journal of Marketing, 1987, 51 (2): 11-27.

[14] French J. , Raven B. The Bases of Social Power [M] //Coatwright D. , Zander A. Group Dynamics: Research and Theory (2ed). New York: Harper and Row Publishers, 1960.

[15] Grover R. , Vriens M. The Handbook of Marketing Research: Use, Misuse, and Future Advances [M]. London: Sage Publications Inc. , 2006.

[16] Hajli M. N. A Study of the Impact of Social Media on Consumers [J].

International Journal of Market Research, 2014, 56 (3): 388-404.

[17] Harrel G. Marketing: Connecting with Customers [M]. New Jersey: Prentice Hall, 2002.

[18] Hinde R. A. A Suggested Structure for a Science of Relationships [J]. Personal Relationships, 1995, 2 (1): 1-15.

[19] Hines J. M., Hungerford H. R., Tomera A. N. Analysis and Synthesis of Research on Responsible Environmental Behavior: A Meta-analysis [J]. The Journal of Environmental Education, 1986, 18 (2): 1-8.

[20] Howard, John A. Marketing Management: Analysis and Planning [M]. Richard D. Irwin, Homewood, Ill, 1963.

[21] Howard, John A. Marketing Management: Analysis and Decision [M]. Homewood, IL: Richard D. Irwin, 1957.

[22] Hull Clark L. Principles of Behavior: An Introduction to Behavior Theory [M]. New York: Appleton-Century-Crofts, 1943.

[23] James E. Stafford. A Sociometric Analysis of Group Influences on Consumer Brand Preferences [D]. Unpublished Ph. D. Dissertation, Department of Marketing, University of Texas, 1965.

[24] Kim Y., Choi S. M. Antecedents of Green Purchase Behavior: An Examination of Collectivism, Environmental Concern, and PCE [A]. In: Menon G., Rao A. R., eds. Advances in Consumer Research, Duluth, MN, Association for Consumer Research, 2005: 592-599.

[25] Koschnick W. J. Dictionary of Marketing [M]. England: Gower Publishing Limited, 1995.

[26] Koubaa Y., Methamem R. B., Fort F. Multidimensional Structures of Brand and Country Images, and Their Effects on Product Evaluation [J]. Interna-

tional Journal of Market Research, 2015, 57 (1): 95-124.

[27] Lisa Wood. Brands and Brand Equity: Definition and Management [J]. Management Decision, 2000, 38 (9): 662-669.

[28] Martin D. Sustainable Marketing: Pearson New International Edition [J]. Pearson Schweiz Ag, 2013, 15 (1): 9-20.

[29] Newcomb T. M. Social Psychology [M]. New York: Holt, Reinehart and Winston, 1950.

[30] Papadas K. K., Avlonities G. J., Carrigan M. Green Marketing Orientation: Conceptualization, Scale Development and Validation [J]. Journal of Business Research, 2017, 80 (c): 236-246.

[31] Park C. W., Lessig V. P. Students and Housewives: Differences in Susceptibility to Reference Group Influence [J]. Journal of Consumer Research, 1977, 4 (2): 102-110.

[32] Park, C. Whan. The Effect of Individual and Situation-Related Factors on Consumer Selection of Judgmental Models [J]. Journal of Marketing Research, 1976 (8): 144-151.

[33] Prahalad C. K., Ramaswamy V. Co - Opting Customer Competence [J]. Harvard Business Review, 2000, 78 (1): 79-87.

[34] Prahalada C., Ramaswamy V. The Future of Competition: Co-Creating Unique Value with Customers [M]. Boston: Havard Business Press, 2004.

[35] Pual Beddoe, Stephens Culture. Yahoo: Getting Sticky With It [N]. Wired News, 1999-03-22.

[36] Reichheld F. F., Schefter P. E-Loyalty Your Secret Weapon on the Web [J]. Harvard Business Review, 2000, 78 (4): 105-113.

[37] Rogers E. M. Diffusion of Innovations [M]. New York: The Free Press

of Glencoe, 1962.

[38] Rogers E. M., Shoemaker F. F. Communication of Innovations: A Cross Cultural Approach [M]. New York: The Free Press, 1971.

[39] Sabatelli R. M., Pearce J. Exploring Marital Expectations [J]. Journal of Social and Personal Relationships, 1986 (3): 307-321.

[40] Schiffman L. G., Kanuk L. L., Wisenblit J. Consumer Behavior [M]. New Jersey: Prentice Hall, 2009.

[41] Sheth J. N., Newman B. I., Gross B. L. Why we Buy What we Buy: A Theory of Consumption Values [J]. Journal of Business Research, 1991, 22 (2): 159-170.

[42] Sheth J. N. A Field Study of Attitude Structure and the Attitude-Behavior Relationship [M] //Sheth J. N. Models of Buyer Behavior: Conceptual, Quantitative, and Emperical. New York: Harper and Row, 1974.

[43] Sheth J. N., Parvatiyar A. Relationship Marketing in Consumer Markets: Antecedents and Consequences [J]. Journal of the Academy of Marketing Science, 1995, 23 (4): 255-271.

[44] Susan F. Consumers and Their Brands: Developing Relationship Theory in Consumer Research [J]. Journal of Consumer Research, 1998 (4): 343-373.

[45] Tisdell C. Ecological and Environment Economics: Selected Issues and Policy Responses [M]. Cheletham: Edward Elgar, 2003.

[46] Washburn J. H., Till B. D., Priluck R. Co-Branding: Brand Equity and Trial Effects [J]. Journal of Consumer Marketing, 2000, 17 (7): 591-604.

[47] Williams P. Emotions and Consumer Behavior [J]. Journal of Consumer Research, 2014, 40 (5): vii-xi.

[48] Williamson O. E. Markets and Hierarchies: Analysis and Antitrust Impli-

cations [M]. New York: The Free Press, 1975.

[49] Wood L. Brands and Brand Equity: Definition and Management [J]. Management Decision, 2000, 38 (9): 662-669.

[50] Yadav R., Pathak G. S. Young Consumers' Intention Towards Buying Green Products in a Developing Nation: Extending the Theory of Planned Behavior [J]. Journal of Cleaner Roduction, 2016 (135): 732-739.

[51] 布朗. 群体过程 [M]. 胡鑫, 庆小飞译. 北京: 中国轻工业出版社, 2007.

[52] 高红岩. 绿色营销中的政府、企业与社会创新 [J]. 经济管理, 2000 (3): 47-49.

[53] 国合会"绿色转型与可持续社会治理专题政策研究"课题组. "十四五"推动绿色消费和生活方式的政策研究 [J]. 中国环境管理, 2020 (5): 5-10.

[54] 劳可夫, 吴佳. 基于 Ajzen 计划行为理论的绿色消费行为的影响机制 [J]. 财经科学, 2013 (2): 91-100.

[55] 李华晶, 王纯. 组织资源对企业绿色营销组合的影响机理——以新能源汽车行业为例 [J]. 管理案例研究与评论, 2018, 11 (2): 148-162.

[56] 李辉卫. 学习精髓 [M]. 北京: 人民出版社, 2017.

[57] 李倩. 基于消费价值理论的绿色产品购买意愿影响因素研究 [D]. 济南: 山东大学硕士学位论文, 2019.

[58] 卢泰宏. 营销管理演进综述 [J]. 外国经济与管理, 2008, 30 (1): 39-45.

[59] 南希·R. 李, 菲利普·科特勒. 社会营销——如何改变目标人群的行为 [M]. 俞利军译. 上海: 格致出版社, 2018.

[60] 陈凯, 彭茜. 参照群体对绿色消费态度—行为差距的影响分析

[J]．中国人口·资源与环境，2014（S2）：458-461．

[61] 沈晓悦，赵雪莱，李萱，黄炳昭．推进我国消费绿色转型的战略框架与政策思路[J]．经济研究参考，2014（26）：13-25．

[62] 盛光华，葛万达，汤立．消费者环境责任感对绿色产品购买行为的影响——以节能家电产品为例[J]．统计与信息论坛，2018，33（5）：114-120．

[63] 史蒂文·N. 杜尔劳夫，劳伦斯·E. 布卢姆．新帕尔格雷夫经济学大辞典（第二版）[M]．北京：经济科学出版社，2016．

[64] 托马斯·C. 谢林．承诺的策略[M]．王永钦，薛峰译．上海：上海世纪出版集团，2007．

[65] 托马斯·C. 谢林．微观动机与宏观行为[M]．谢静，邓子梁，李天有译．北京：中国人民大学出版社，2005．

[66] 王财玉，雷雳，吴波．时间参照对绿色创新消费"不作为惰性"的影响[J]．心理科学进展，2017，25（1）：1-11．

[67] 王大海，姚唐，姚飞．买还是不买——矛盾态度视角下的生态产品购买意向研究[J]．南开管理评论，2015，18（2）：136-146．

[68] 王宇，王勇，任勇，俞海．中国绿色转型测度与绿色消费贡献研究[J]．中国环境管理，2020（1）：37-42．

[69] 谢利·泰勒，利蒂希亚·安妮·佩普鲁，戴维·西尔斯．社会心理学（第12版）[M]．崔丽娟，王彦等译．上海：上海人民出版社，2010．

[70] 熊小明，黄静，郭昱琅．“利他"还是"利己"？绿色产品的诉求方式对消费者购买意愿的影响研究[J]．生态经济，2015，31（6）：103-107．

[71] 杨荣新．我国企业绿色营销的影响因素与实施战略[J]．经济管理，2005（23）：57-60．

[72] 杨雄，李煜．社会学理论前沿[M]．上海：上海社会科学院出版社，2016．

[73] 袁志刚. 碳达峰碳中和：国家战略行动路线图［M］. 北京：中国经济出版社，2021.

[74] 约翰·N. 德勒巴克. 新制度经济学前沿（第2辑）［M］. 张宁燕译. 北京：经济科学出版社，2003.

[75] 张建平，刘恒，韩珠萍. 推动我国消费绿色转型的路径研究——基于多重外部影响因素视角［J］. 中国环境管理，2020，12（1）：51-57.

[76] 中共中央宣传部. 习近平总书记系列重要讲话读本［M］. 北京：学习出版社，2016.

[77] 周宇泽，杨秀，李俊峰. 转变发展方式 促进消费领域的绿色低碳转型［J］. 中国经贸导刊，2008（5）：20-21.